U0724358

研学旅行
课程体系探索与践行研究

魏 洁 著

吉林出版集团股份有限公司

图书在版编目（CIP）数据

研学旅行课程体系探索与践行研究 / 魏洁著. -- 长春 : 吉林出版集团股份有限公司, 2022.6

ISBN 978-7-5581-9871-7

Ⅰ.①研… Ⅱ.①魏… Ⅲ.①中小学生—素质教育—教学研究 Ⅳ.①G631

中国版本图书馆CIP数据核字(2021)第054360号

研 学 旅 行 课 程 体 系 探 索 与 践 行 研 究

YANXUE LÜXING KECHENG TIXI TANSUO YU JIANXING YANJIU

著　者 / 魏　洁

责任编辑 / 蔡宏浩

封面设计 / 万典文化

开　本 / 787mm×1092mm　1/16

字　数 / 300 千字

印　张 / 10.5

印　数 / 1—1000

版　次 / 2022 年 6 月第 1 版

印　次 / 2022 年 6 月第 1 次印刷

出　版 / 吉林出版集团股份有限公司

发　行 / 吉林音像出版社有限责任公司

地　址 / 长春市福祉大路 5788 号

电　话 / 010－81130031

印　刷 / 三河市嵩川印刷有限公司

ISBN 978-7-5581-9871-7　　　　定价 / 45.00 元

前　言

有这么一句名言，叫"读万卷书不如行万里路，行万里路不如阅人无数"。"读万卷书"和"行万里路"都不难理解且无异议，唯"阅人无数"似乎存在不同解读。但若将"阅人无数"与具有积极意义的"世事洞明"和"人情练达"构成因果关系，相信大多数人还是会颔首会心的。而这句名言之所以广为流传，妇孺皆知，就在于其用后者甚于前者的比较手法，道明了"读书""行路"和"阅人"三者之间的轻重关系。诚然，你也许不赞同这种判断，却无法否认它们是人们获取知识、提高修养、丰富阅历、增长智慧的三种最基本的方式。

那么，有没有一种更好的方式，能收到以上三种方式的综合效果，毕其功于一役呢？有！这就是"研学旅行"。

因为"研学"就是"读万卷书"，"旅行"就是"行万里路"，而"研学"所"阅"之人主要是本校各科任老师和同学，"旅行"所"阅"之人则主要是校外各行各业的专家学者和各种各样的社会人士，以及不同年龄的青少年朋友。（这意思有点不太明白，可否重修改）分开来，各自的"阅人"都有限，只有二者结合起来才能真正实现"阅人无数"。因此，说研学旅行是广大青少年学生学习和成长，理想的不可或缺的教育方式，绝非虚言妄语。（此句有点不太通顺）

研学旅行有着无可取代的价值和功能，我国已进入全面建成小康社会的决胜阶段，研学旅行正处于大有可为的发展机遇期，各地要把研学旅行摆在更加重要的位置，推动研学旅行健康快速发展，从而正式将研学旅行列入教育教学计划。

"东风夜放花千树"。国家有关部门关于力促研学旅行加速发展的这一文件下发后，原本如早春零星山花的研学旅行机构瞬间繁花似锦，真可谓"风景这边独好"。

作者凭着强烈的使命意识和严谨的治学态度，深入调研，反复切磋，潜心撰述，精心打磨，以心血和汗水凝聚成这部填补研学旅行领域空白的专著。纵览全书，深感其立意精当、架构精巧、内容精彩、见解精到，堪称精品。

在本书的策划和编写过程中，曾参阅了国内外有关的大量文献和资料，从其中得到启示；同时也得到了有关领导、同事、朋友及学生的大力支持与帮助。在此致以衷心的感谢！由于网络信息安全的技术发展非常快，本书的选材和编写还有一些不尽如人意的地方，加上编者学识水平和时间所限，书中难免存在缺点和谬误，敬请同行专家及读者指正，以便进一步完善提高。

目 录

第一章 国内外研学旅行实践及研究综述

第一节 我国研学旅行的发生与发展

以游历作为认知方式和作为书本学习重要补充认知方式的实践在东西方各国古已有之，而其作为现代学校课程体系的一部分广泛存在的教育实践在东西方各国则各具特色。在中国，从古代到近代至现代，各个时期的游学各具特点，游学的传统不曾中辍。

一、古代、近代学人的游历＋求知

在古代，中国士人的游与学一直紧密结合在一起，许多杰出的思想家、政治家、教育家、科学家，在他们的人生中或多或少都有一段刻骨铭心的游学经历。"读万卷书、行万里路"是对这种求知方式的经典概括；"世事洞明皆学问，人情练达即文章"，意在告诫人们学问并非只在书本中，知识存在于广袤的大千世界和纷繁复杂的社会生活中；人类的求知对于身之其外者，一言以蔽之。"究天人之际，通古今之变"。考察先贤们的成长轨辙，虽说是"各有各的命运"，但均不是在路上就是在准备出发的路上。先秦的孔子、汉代的司马迁、宋代的沈括、明代的徐霞客、清代的魏源等，既是吾国吾族"上下求索"真理的英雄，又是不同历史时期游学的典范。

孔子周游列国，以游传学、以游致学。他曾率领弟子不惧艰困，踏遍列国山川都邑，遍访名贤，广求知己，考察政风民情，传播礼乐文化长达 14 年之久，可看作是研学旅行的先师和典范。孔子认为"游"不仅可以怡情、广智，还可以增加社会交往。游历大好河山，可以开阔视野，怡养性情，提升道德情操。"登东山而小鲁，登泰山而小天下""智者乐水，仁者乐山。智者动，仁者静；智者乐，仁者寿"，这是以自然物象作为人类知识视野、道德品格的象征，来激发人之情操志向的经典表述。"游"还可获取新知识。所谓"志于道，据于德，依于仁，游于艺"，孔子提倡把学习六艺的过程叫作"游"，在游的过程中获得知识，增进对知识的深刻理解，不仅如此，还可以扩展认知的边界，在更大的参照系内来确认认知的真理性，"多闻，择其善者而从之"游还可以增加社会交往，增进互相理解，令人愉悦。孔子说"有朋自远方来，不亦说乎"，这是他对"交游"的态度。

"游圣"徐霞客更是古代教育旅行的代表性人物之一，其旅行生涯前后长达 35 年之久。他游历了包括今江苏、浙江、安徽、山东、河北、天津、北京和江西等在内的共计 19

个省、市、自治区，基本走遍了明朝的大部分统治区域。他的旅行将陶冶性情、开阔视野、探险考察三者融合在一起，使旅行成为一项综合性活动，具有非常明显的教育性和求知性，其以旅行经历为基础所著的《徐霞客游记》具有地理学、文学等多方面的价值。在明代，游学成为一般士子成长的必要的历练。明代大学士宋濂在《送东阳马生序》中向晚辈马生追忆自己求学之艰，将其分两个阶段："幼时"乡居，"每假借于藏书之家，手自笔录"，因勤奋守信而"得遍观群书"，"既加冠"，"尝趋百里外"求学，这已经不只是单纯地为了读有字之书而不辞劳苦，因为作者担心的是在本乡没有"硕师名人与游"，而学问难以精进。

清人魏源因为处于清朝各种矛盾已趋白热化之时，敏锐地感到世事将有大变，读书人要有大作为，不能死读经书，抱残守缺，而要把经世致用思想与爱国主义情操紧密联系起来，实现自己报国的志向。他将士大夫之游分为游观、游仕与游历。游观即通过"游"领略山河之美。他不仅爱登山远眺，而且爱徜徉江河湖泊。所谓游仕即通过"游"考察社会，体察民情，激发自己深入思考，获得令自己鼓舞和振奋的精神力量，实现经世致用的抱负。而游历旨在通过经历、体验，感悟世事人生。他以积极入世的态度去思考当时的社会问题。正是在广泛游历的基础上，魏源写下了影响中国和日本的著作《海国图志》。

以上列举了古代、近代游学的个人典范。至于制度性的游学，在古代中国历朝历代均无，但史书中多有历代王朝接待来自日本、琉球、俄罗斯、高句丽、交趾等国人员来华研学旅行的记载。盛唐时期，来华研学旅行更是盛极一时。日本留学生阿倍仲麻吕18岁在长安太学学习，寒暑九载，研经悟道，经史子集多有汇通，后中进士第，历任司经局校书、左拾遗、左补阙、秘书监兼卫尉卿等职，玄宗喜其才赐名"晁衡"。他在华求学、旅游、做官共53年。此后的马可·波罗在元朝任职，游学17年，写下著名的《马可·波罗游记》。清雍正六年国子监中还设有俄国专馆。这些已经形成官方制度，且颇有传统。而在传统教育向现代教育的转型中游学被赋予了新的意义，一批又一批游学之子从惜懂幼童到青年才俊，由于各种机缘、出于各种目的、通过各种管道远赴重洋，他们中间寻求真知与真理的先驱更是不断涌现。在此不做详细论述，而彼时国内基础教育界在研学旅行方面弥足称道的当属新安旅行团。

二、现代研学教育中的新安旅行团

在国内基础教育界首倡并积极推动研学旅行者当属陶行知。陶行知原名陶知行，他不仅通过改名的方式来表达自己对教育的真切理解，积极倡导研学旅行，并在其创办的晓庄师范、新安小学等学校积极践行其教育理念。陶行知的实践和呼倡，得到不少教育界有识之士的响应。受其委托，继任新安小学校长的汪达之组织新安旅行团，这一创举震惊中外。

三、改革开放后我国课程改革体系中的研学旅行

自 20 世纪 80 年代中期开始，研学旅行又慢慢进入国人的视野。

最初的启动是由于日本青少年学生到我国进行修学旅行的规模扩大和频次增加，所到之处由当地政府和旅行社接待，因此开设接待入境修学旅行业务就成了水到渠成的事。广东省、北京市、山东省先后成立"接待日本青少年修学旅行委员会"，江苏省成立"教育国际交流服务中心"，中国国际旅行社总社与澳大利亚和新西兰旅游局、澳大利亚驻华使馆教育处等多家单位联合举办了"海外修学旅游研讨会""中日青少年修学旅行研讨会""中日韩修学旅行研讨会"等学术活动，都是注重发展入境和出境修学旅行的诸多表现。中国政府成立了由教育、公安、铁道、民航、旅游等多部门参加的、接待日本青少年修学旅行委员会，并且在日本举行了第一次、第二次研讨会，在中国举行了第三次研讨会。

通过以上对研学旅行被纳入国家课程体系过程的梳理，不难发现这门课程的产生和确立，最初并不是由教育主管部门来规划和推动的，而是国务院从经济发展的总体趋势进行经济结构调整、拉动内需和旅游经济发展转型的溢出效应，所以，与旅游经济关系更紧密的旅游部门更为积极主动，而教育主管部门将其作为课程纳入学校教学体系则相对慢一些。相应地，旅游市场的反应与学校的反应速度也表现为快速与迟缓。由于研学旅行直接与国家及地方经济结构调整或区域经济转型密切相关，从中央到地方各级政府都对此表现出积极性，行动也比较迅速，但

作为国家必修课程纳入学校教学，关于课程开设的时间、经费、师资等问题，中央政府、地方政府及各级教育主管部门并没有出台相关政策进行说明。从某种意义上讲，这既给学校开展研学旅行课程出了一道巧妇做无米之炊的难题，也为研学旅行课程的实施及相关研究提供了八仙过海、各显神通的可能性与空间。

随着武汉、西安、上海、合肥、苏州等地相继成为国家研学旅行试验区，研学旅行活动在市场的引导、学校的积极响应和各地教育主管部门的支持下以空前的规模和速度向前推进。随着研学旅行活动在学校层面的广泛推广，研学旅行课程实施的相关问题也越来越突出，关于这一课程的研究和探讨也越来越多，研究课题所关注问题的集中度和阶段性特征也比较明显。

四、我国研学旅行发展及相关研究的特点

(一) 研学旅行发展的特点

1. 源远流长，在现代性转换的过程中一度变轨中断

中国古代很早就存在游学的传统，这种传统始终伴随不同时代、不同境遇的知识分子代代相传。不论什么境遇下的游学，都不断有杰出人才涌现和丰硕的成果产生，并且后溢产生巨大的学术效应、文化效应和人才效应。因此，游学成为有理想、情怀和抱负的知识

分子和青年学子自觉的追求与实践，成为他们成长过程中重要的一段旅程和宝贵的经历。在近代，这种传统受西方思想的影响，诞生了一批又一批往欧美、日本和苏俄游学的人。在由传统蒙学教育向现代学堂教育艰难转变的过程中，中国也产生了"新安旅行团"这样真正具有现代游学性质的典范。虽然这种在"生活即教育"理念影响下的研学实践，在特殊而又残酷的战争环境下，最终不再是纯粹教育意义上的研学旅行，但给今天的研学旅行在怎样看待儿童、解放儿童，如何正确地开展教育活动等方面提供了很好的榜样和借鉴。

2. 改革开放以后重启"研学旅行"的仓促与被动

20 世纪 80 年代，我国重新启动与研学旅行相关的活动和业务，这与中日关系 21 世纪的战略息息相关。由于中日两国在地理环境和历史文化上的渊源以及新时期的到来，决定了两国开启面向未来之门的钥匙将要交给新时期的年轻人。中共中央总书记的访问日本，邀请 3000 名日本青年第二年访问中国。自此以后，日本来华修学青少年团体的频次与日俱增，规模不断扩大。彼时，现代修学旅行在日本已经制度化、课程化、日常化了，而在中国基本中断，所以，中国方面专门成立修学旅行协会，并以连续举行修学旅行研讨会的方式来持续推进中日青少年之间的友好交往。这些举措起初基本上都是专门针对日本修学旅行团的，之后又慢慢有其他国家组织学生来华研学旅行，协会负责服务的对象渐有扩大。这样的活动在中国即使有组织各级各类学校的学生参与，当时也多属于外事活动。虽说在这一过程中，教育界也不断受到启发，但总体上属于被动作业。

3. 研学旅行专业化程度不够

因为中国式研学旅行不是受教育内驱力作用，而是受外部因素的影响发生的（先是受国际关系事务的影响，后是受国内旅游业的影响），所以作为研学旅行的产品专业化程度是明显不够的。虽然在研学旅行开展之初，国内有些地方先后设立了接待委员会、召开旅游研讨会，随后又陆续有几个省将研学旅行纳入教学计划，但研学旅行产品始终存在各种问题，最为关键的问题是专业性程度欠缺，可以说，没有真正将研学旅行的精髓融入产品中。产品专业化程度的问题是源于行业发展专业化水平不够。目前，我国仍然缺乏专业的发展和研究研学旅行的协会，行业缺乏自律和管理。以上既是研学旅行发展不足、缺乏专业化的表现，也是研学旅行发展进程中的不利因素。

当务之急还是要提高认识。从政府、社会、企业、教育和家庭各个方面都要提高认识，达成共识，全社会都来关心、支持、帮助学校开展研学旅行，围绕学校发展、教师成长、学生成长做教育生态优化的大文章。

4. 发展水平表现出两个方面的不均衡

在研学旅行发展的过程中，一个比较突出的问题是发展不均衡，主要表现在两个方面：一是重费用较高的入境和出境研学旅行，国内普通学生家庭所能承担的就近研学旅行；二是各地对研学旅行的认识呈现很大的差别。

在研学旅行开始后相当长一段时间内，受经济、政治、教育水平各方面的影响，研学旅行注重发展入境和出境研学旅行。研学旅行的发展以入境研学旅游为主，一个原因是受中国持续的开放政策的影响；另一个原因是中国国力的持续上升，成为影响世界格局和未来的不可忽视的力量；还有一个原因是中国古老的文明对世界各国人民具有巨大的吸引力。在大量入境游的同时，中国家庭渐渐富裕，为国人走出国门、了解世界提供了可靠的保障，加之出境研学旅行的独特功能为学习语言、为扩大视野、为未来出国留学做准备，因此，出境研学旅行成为中国家庭比较推崇的专项旅游。据不完全统计，每年出境研学旅行的人数不下百万，当然，与国外市场比较起来，国内市场更为庞大，国内研学旅行渠道的拓展空间更为广大，却没有受到应有的重视。

解决发展不均衡的第二个方面的问题是要注意研学旅行在全国范围内实施的差异化。研学旅行发展以来，全国积极发展研学旅行的省市主要是北京市、上海市、广东省、山东省、江苏省等经济发达的地区，经济薄弱的地区由于对研学旅行认识不足，宣传方面缺乏积极性，从而导致上到政府下到学校对研学旅行缺乏认识，以为研学旅行只是针对学生群体的旅游活动，既然是旅游活动必然受制于经济条件的影响。这种浅层次的认识使得家长对研学旅行的产品和服务质量要求不高。认识不足带来的需求不足和供应质量不高使研学旅行发展动力不足，由此影响到研学旅行的发展进程。目前，这种状况正在逐渐发生改变。

5. 课程化后研学旅行缺乏顶层设计

在 21 世纪之初，中国基础教育启动新一轮改革，这轮改革着眼于课程结构的调整，希望通过变革课程结构来优化教育教学课程体系，以此促进整个教育向更良性的方向发展。主要的内容是在对传统学科进行领域－学科模块的规划后，增加综合实践活动课程、通用技术课程和信息技术课程作为国家必修课程，打通学校内外的教育。在既无课标可以遵循，又不得以教材学习方式开展课程，也没有师资的情境下，各地充分发挥自主创新的精神，满足教育行政部门开齐、开足课程的要求。像上海、广东等经济发达的沿海地区既有学校尝试将原来利用寒暑假和黄金周等节假日组织的师生研学旅行活动纳入综合实践课程的范畴以充学分。

综上所述，我国研学旅行发展仍处于初级阶段。当前，在国家提出大力发展研学旅行的同时，企业需要不断推进研学旅行专业化发展。在产品开发方面，不断提高产品和服务的质量，充分挖掘文化潜力，提供适合各年龄段、各类主题的研学旅行产品，将旅行和教育结合，充分发挥研学旅行的第二课堂功能；在宣传方面，国家、地区要加强宣传，普及研学旅行知识，让公众充分了解研学旅行的内涵及开展的意义，按照实际需要选择合适的研学旅行项目；在专业化方面，政府应积极引导，行业内要建立协会，负责加强行业管理和规范。政府、协会、企业、教育主管部门和学校积极合作、探索，才能共同推动研学旅行良性快速发展。

（二）我国研学旅行相关研究的特点

1. 文献综述

剔除大部分专业性不强的报纸和会议介绍文献，在此基础上进行甄选后，最终以73篇关键文献作为研究基础，形成后文的分析。甄选原则有以下几点：

（1）剔除下载量低、引用率低的；（2）剔除主题重复、综合性过强的；（3）剔除与关键词关联性弱的；（4）尽量采用近三年的文献；（5）保留会议文献中的高质量文章与专项基金科研成果。

教育部等11部门印发《关于推进学生研学旅行的意见》的专门文件，同时武汉、西安等国家试验区开始启动，研究者开始集中关注研学旅行问题，这一点在图中体现得较为明显。如果结合下面的饼状图，看各关键词的占比情况，则从另外一个角度说明，研究界正慢慢地在概念使用上形成共识，"研学旅行"代替其他表述正在成为公认的概念。虽然最后这两年的文献中仍有使用"修学旅行"等概念的，但占比已明显不可与"研学旅行"相提并论了。

2. 价值评述

总体上讲，关于研学旅行的研究表明为"两多一少一缺"。

"两多"中的"一多"是指相关研究中对概念术语、课程功能等理论方面的关注相对多一些。研学旅行是一项新生事物，对其各个方面的研究都还远远不够。没有理论层面提供科学而强有力的支持，研学旅行要行得端、走得远是不可能的。从这个意义上讲，这"一多"不是多了，而是少了。另"一多"是研究主体的多元化，研究主体包括高校科研院所研究人员、行业研究爱好者、市场培育与观察者、高职的校长和相关教师等。这样的研究主体，受各自视角的影响，从不同的侧面切入问题，既有交叉点，也有自话自说，但总体上丰富了问题的视角。

"一少"是政策层面研究的少。在实施策略的保障方面，中央政府和地方政府应该如何从教育教学资源配置方面提供制度性保障，各级教育主管部门如何从教学制度上进行整体规划，学校如何进行课程规划与整合，这些问题都不是"只缘身在此山中"的校长和教师们因地制宜地充分发挥主观能动性能够济事的，需要更高层级的既有学校立场、又有社会关切、又有教育的专门研究形成真正的对话，达成可供操作的共识。研学旅行课程与学校课程体系中的其他课程比较起来，一个最显著的特点是要走出去，行起来，并且是集体走出去，集体行起来。学在行中，行是学的载体，其在某种意义上讲，行本身就是所学之一。否则，"皮之不存，毛将焉附"呢？研学旅行不是一场说走就可以走的旅行，而是一场计划科学、安排妥当的具有明确教育目标的旅行。

"一缺"是现有研究中涉及研学旅行实践的研究，特别是适应学校课程性需要的产品开发研究比较薄弱，主要表现为以下几个方面。首先，对已经在市场表现方面比较活跃的旅行加学习活动与课程化的相关性研究不够。研学旅行概念的确立及课程制度化要求是近几年来才提到教育日程上来的，但与研学有关的旅行活动已经开展多年。这些活动的组织主体基本上是各级各类传统的旅行社，是旅游行业出于行业转型和市场引导而产生的新的业态，尽管其开展的活动离不开教育行政部门、学校和家庭的支持与配合，但其教育性或学习价值诉求明确不足，与严格意义、完全教育意义上的研学旅行还存在较大的距离。因为这对旅游行业转型的顺利与否、研学旅行能否科学有序地正常展开都有并不可小视的意义。其次，是对研学旅行课程顶层设计研究不够，包括课程多元主体的职能分工、协同协管，研学旅行课程之通用性课程开发、专项性课程的系列开发、与其他学科课程的接待处、融合度等相关问题的研究。这样的研究深入与否、深层与否和深刻与否决定了研学旅行课程对教育教学转变促进力度的大小。

3. 研究方法比较单一

在目前有关研学旅行的研究中，一个比较突出的问题是研究方法单一。感性的、印象式的研究多，实证性的研究少；案例式的介绍多，样本式的分析比较少；一般性的研究多，专题性的研究少；价值性的阐述多，事实性的透视比较少；运用传统研究方法的多，利用现代技术特别是大数据等新技术的比较少；影响研究方面重表象的多 – 对心理行为的研究比较少。这些既是研究主题向度的问题，也是研究方法的问题。

第二节 国外研学旅行的发生与发展

西方主要国家在人类文明的轴心时代也有类似古代中国的游学传统。古希腊、古罗马是欧洲文明的发祥地，古代西方哲人、科学家、社会学家的游学最早在此兴起。如果从研学旅行的视角来考察，这种游学更有着深厚的历史传统。这种传统在 16、17 世纪的欧洲演变为"大游学（grand tour）"（亦译为欧陆游学）的研学旅行，最典型的当属英国。英国的"大游学"又影响到欧美其他国家，各国根据自身的历史文化传统、地理特征和国情发展情况，在倡导和实践时也培育和发展了各具特色的研学旅行。19 世纪，日本开始开展"修学旅行"，并逐渐将其纳入学校教育体系，国家不仅负担了大部分旅行费用，还促成了"修学旅行研究协会"等专门机构的成立，帮助学生全面成长。

一、国外研学旅行的发展概况

（一）英国："大游学"影响世界教育

英国人的研学旅行在罗马帝国时期的不列颠时代就已开始。近代以前，朝圣者、骑士和学者是英国研学旅行三股最主要的力量。朝圣者的旅行是英国人在基督教教义的感召下踏上所谓的"天路历程"，骑士则主要是借此前往欧洲其他国家进行比武交流以提升个人军事技能，而学者则通过前往巴黎大学和意大利博洛尼亚大学分别修习文科诸艺、神学与医学，以便回国后能够更好谋职。事实上，这样一个在英国逐渐形成的生活方式和文化交流行为，几乎每个时期都能找到实例。从文献中不难发现，早在 1570 年，刻画旅行者的各类画像和塑像便已开始流行于英格兰，之后的莎士比亚戏剧中也出现过不少的旅行者形象。1611 年，介绍欧陆游学的《考亚特寄语》发表，书中的雕版画显示前往欧洲大陆的游学已经成为年轻绅士的必要经历和必修课程。弥尔顿、霍布斯、洛克、休谟等英国历史上的著名人物都曾前往欧陆游学。

英国人重视研学旅行，一方面与贵族的政治经济地位有关。17 世纪后期至 19 世纪，英国处于贵族统治的黄金时代，光荣革命后的英国政体带有极为浓厚的贵族寡头色彩。为了延续贵族的统治地位和垄断权利，需要通过前往欧陆以游学的方式增长见闻，为将来的执政储备能力。另一方面，17—19 世纪也是英国国力大发展的时期。英国通过工业革命成为"世界工厂"，有产者不仅对他国文化艺术产生浓厚兴趣，而且也具备物质和精神两方面条件去亲身体验和学习。因此，英国人的研学旅行有着强烈的贵族特色，其主体多为乡绅和贵族子弟。诚然，教育属性也是英国研学旅行的突出特点，旅行者多为完成大学学业，前往欧陆学习语言、历史等课程，并掌握舞蹈、剑术和骑术等技能。英国的这种旅行渐渐影响德、意、法诸国，并发展成一种"漫游式研学旅行"，到第二次世界大战以后更是被作为学校课程确立下来，成为拓宽学生视野、提高跨文化理解能力的重要途径。

研学旅行目前在英国尚没有法律方面的规定。在大多数情况下，都是由活动的组织方学校来承担学生的安全防范工作以及遇到紧急情况之后的应急处理工作。学校通常会安排足够的辅导老师全程陪同、组织和协调学生的所有活动。如果有需要，也会依法购买相关保险。除英国国内的学校组织训练营外，也有不少组织会带领外国学生到英国旅游。为便于管理，英国建立了一个夏令营或冬令营的强制注册系统。任何准备前往英国参加夏令营或冬令营的组织机构，首先要在英国大使馆文化教育处网站上注册，组织机构在注册后会收到系统自动发出的一个专用编号以及简要介绍。组织机构递交的所有申请都需要提供该编号及营业执照上的单位名称。任何组织机构如曾经提供过虚假文件、不完整的申请信息或曾有过未遵守规定的记录，则需要被额外调查而花费更长的申请时间。以上举措不仅能够督促所有举办英国冬令营或夏令营的机构要遵守相关规定并承担相应的责任，也在一定程度上对英国游学市场起到规范作用。

（二）美国：冬令营是对教育的伟大贡献

美国是世界上最早实行冬令营的国家之一，时间可上溯至 1885 年，这个时期美国的都市化已经发展得比较充分，各种回归自然的运动层出不穷，冬令营就是在这样的背景下产生的。冬令营的时间长短不等，从 1～2 周到 8 周左右；参加的儿童年龄在 6～18 岁。早期的冬令营强调兄弟式的友爱和简朴的生活，随后许多形式不同、主题各有侧重的冬令营渐渐产生。冬令营的设施也没有统一的标准，有的冬令营是学生住帐篷、自己做饭的野营；也有配备了加热房、热水淋浴、游泳池和设备齐全的厨房等的冬令营；还有因地制宜仅提供当地特有的水陆运动和一些工艺活动的冬令营。今天，美国为学生提供的冬令营已经发展为满足个性、发掘天赋、培养和保持兴趣的教育公益产业，拥有主题广泛、项目全面、特色鲜明的基地，例如有艺术冬令营、音乐冬令营和其他专门从事棒球、骑马、网球、帆船运动的冬令营，还有补课冬令营、减轻体重冬令营等。

冬令营在美国已有一百多年历史，相关法律规定、具体操作过程规范都已成熟。美国训练营协会（简称 ACA）承担着全美冬令营及夏令营项目的认证、宣传、管理等职能。此外，整个行业还有专业的训练营搜索引擎、行业杂志、行业展会、专业的营地管理系统和软件等。美国现有两万多家冬令营和夏令营机构，按照相关规定，在正规机构中任教的老师需要获得专业的认证，负责海外游学项目的老师还需要国际的认证。很多美国的老师和教练为获得相当资质，特意到国外参加相关培训和考试，其内容包括健康与安全、如何与孩子及家长沟通、青少年心理、紧急情况处理等，并经过反复的严格筛选才能成为训练营的老师和教练。有美国教育学者称，不能保证孩子通过数周的训练营活动就脱胎换骨，但他们在这个国际多元文化氛围中的收获和体验将会伴随其一生。

（三）法国：通过立法保障训练营

法国对于开展研学旅行的训练营在法律上有着诸多的严格规定。根据法国最高行政法院有关规范训练营接待中心的法令，含住宿服务的接待中心，如果想接待没有父母陪伴的未成年人连续住宿 3 晚以上，必须设有至少 7 个属于未成年人的假期居住卧室。每个未成年人必须拥有独立的卧具。另外，接待中心还需配备病员隔离室。该法令同时要求，不少于一半的工作人员必须持有社会教育资格证书。每个活动组织者最多可看管 8 名 6 岁以下儿童，或 12 名 6 岁及以上的少年儿童。

法国南部加尔省的一个夏令营接待中心迎来了一位"不速之客"——洛朗·奥菲尔。他是法国青年与体育部的技术顾问，专门负责检查夏令营住宿条件，勘察营地实际情况，撰写并向上级机构提交相关报告。在夏令营负责人带领下，奥菲尔逐一参观了团员们的寝室、浴室和活动间。在其中一个房间内，奥菲尔发现天花板有破损情况，存在脱落的隐患。对此，负责人解释说，为安全起见，在修缮工程完成之前，他们已经明令禁止任何未成年人在这个房间内活动。经过细致评估，奥菲尔认定该夏令营的服务设施水平及接待人员的配备符合相关规定。据了解，加尔省有 400 个注册夏令营活动中心，包括奥菲尔在内的 3 名检查人员负责不定期巡视。奥菲尔说，暑期内会随时进行类似的突击检查。

青年与体育部负责管理和监督暑期开放的各类未成年人活动中心，以法律条文的形式写进了法国《社会家庭法》。这部法典还规定了开办未成年人训练营的基本要求：第一，活动组织者必须事先向政府行政部门提出申报，经审核发现存在隐患的，行政部门有权禁止其开展活动；第二，接待机构内所有员工必须签订责任保险合同，如果违反规定，必须承担相应的经济处罚;第三,接待方还有义务告知未成年人的监护人与保险公司签署未成年人人身保险合同。此外,训练营组织者也会通过对青少年进行教育和监管来确保他们的人身安全。

(四)澳大利亚:监护人陪同制度对国内外学生具有同样效力

在澳大利亚,学生夏令营和冬令营必须要有监护人或者临时监护人陪同。这项规定,不仅适用于澳大利亚国内的学生,同样也适用于年龄未满18周岁的国际留学生。

在澳大利亚,如果是学校组织的旅行活动,学校会安排一位老师做临时监护人,这位监护人需要负责所有学生的安全、饮食健康和生活安排。在紧急状况下,比如学生受伤,临时监护人要第一时间联系其父母,在其父母无法取得联系的情况下,临时监护人可以根据自己的判断自行处理。

(五)日本:公益机构对修学旅行监督指导

在日本,学生修学旅行是政府、社会、媒体、企业、行业协会、学校和家庭普遍重视的事件,其最具特点的是通过社会公益机构对修学活动实施监督和指导。

1. 政府高度重视,为修学旅行提供法律支持和政策保障

日本人认为,修学旅行自古以来就是完善个人综合素质的重要手段。修学旅行作为日本教育的重要手段和组成部分,受到国家的高度重视,并通过制定相应的法规和政策来保证其顺利而有效地进行。针对多起发生在修学旅行过程中的安全事故,为了改变现状,切实保障修学旅行的顺利进行,日本文部省召开了第一次修学旅行协议会,并发表了讨论结果及对策。这次会议肯定了修学旅行的重大意义,认为"从国民教育层面上来看,修学旅行是传承国家文化的重要手段,也是国家文化的重要组成。它不仅丰富了学生的人生经验,还帮助他们学会集体协作并促进了学生的身心健康,同时提高了整体国民的素质"。在这次会议上,文部省颁布了修学旅行的学习指导要领并制定了修学旅行计划,该计划对修学旅行中的相关问题进行了详细的规定。这次会议之后,文部省又下达通知,要求"教育委员会应当积极参与到本地学校修学旅行计划的制定中来,各学校、各系统、各阶层都应致力于制定合适的修学旅行计划",通知规定详细到"带队教师必须严格监督旅行学生的行动,必须和学生共食宿,旅行中不得喝酒"等具体环节。自此,修学旅行有了规章条例的保障,有章可循。此后相关的法律法令又得到了不断的完善和补充,从而使修学旅行的安全性和规范性不断提高,为日本修学旅行今天的繁荣奠定了扎实的基础。为了保证修学旅行的顺利开展,政府还出台了一系列政策给修学旅行以大力支持。这些政策或为发展修学旅行提供资源支持,或提供安全保障,或提供资金赞助……其中最突出的体现在政府给予修学旅行的财政支持上。公立高职的修学旅行费用的补助由国家及地方财政共同分担并且逐年增长。国家财政支持为日本的修学旅行提供了强大的经济推动力:它减轻了参加修学旅行学生家庭的经济负担,让家庭能够负担得起学生旅行的费用,从而促进修学旅行的发展。修学旅行活动的进一步开展，提升了学生的综合素质，从而提升了国民的整体素质。此外，修学旅行的经济带动作用也促进了政府财政收入的增加，使政府又能为修学旅行提供更有力的财政支持，形成良性的互动。

2. 财团法人日本修学旅行研究协会的监督指导

财团法人日本修学旅行研究协会（以下简称全修协），是日本修学旅行活动的指导监督机构，对日本修学旅行的发展起到了巨大的推动作用。全修协是日本的公益法人，它以创造新型的修学旅行为目标，以修学旅行的安全性、教育性和经济性为三大基本方针，主要职责是对修学旅行进行研究、调查，进行资料信息的汇总及分析，并为外界提供相关信息支持，处理有关修学旅行的申诉及请求，同时为修学旅行提供资金及人力资源支持等。全修协为日本的修学旅行的发展做出了巨大的贡献。首先，作为修学旅行事业的现实推动者，全修协在资金、技术、人员上都给修学旅行以大力支持。其次，作为修学旅行活动中的协调者，全修协积极协调与相关利益部门的关系，从各个方面为修学旅行的顺利开展提供有利条件。再次，作为修学旅行活动的研究者和监督者，全修协通过各种调查及会议活动监督修学旅行活动的开展，并且进行更深入的探索和调研，积极探索修学旅行发展的新形势和新方向，促进修学旅行活动的不断深化和升华。最后，作为修学旅行活动的信息供应者，全修协向社会各界提供广泛的修学旅行相关信息，不仅为政府部门的相关决策提供依据，还为交通部门、旅游景区、旅游企业、各个学校及个体提供信息咨询服务。比如说全修协每年会定期召开研究大会，以促进全修协委员及参与修学旅行活动的学校的校长及相关团体的交流，不断提高修学旅行质量。全修协还积极与交通部门沟通协调，保证修学旅行专用列车的安全运行。

3. 政府相关部门的大力支持

修学旅行的综合性决定了其顺利开展离不开政府相关部门的大力支持。例如，日本的交通部门一直以来都是修学旅行的坚定支持者，这体现在一方面最新的交通工具都能马上应用于修学旅行，另一方面每一次交通方式的变革都会带来日本修学旅行的变革。此外，交通部门还为修学旅行的学生提供一定的价格折扣，并通过开设专列等方式保障修学旅行的安全开展，其为修学旅行的繁荣发展做出了巨大的贡献。明治时代，火车成为全国主要的运输工具，同时也被迅速应用于修学旅行。此时已经出现了一些为修学旅行开通的临时列车，并开始为修学旅行的学生提供价格上的折扣。第二次世界大战后不久修学旅行复苏，此时出现了修学旅行的临时列车，还出现了地区范围内的修学旅游专列。各地修学旅行专用的车辆和船舶都相继在 20 世纪 40 年代前半叶陆续诞生。根据与全修协的相关协议，日本国有铁道（简称国铁）为修学旅行设立专用车辆并免车费，这些措施促进了修学旅行的复苏。

4. 新闻媒体的全力配合

日本各界对于修学旅行一直保持着广泛的支持态度，尤其是新闻媒体的参与和配合。

例如，AKT 秋田电视开始在其所覆盖的学区的超市和个人商店的范围内，在傍晚时段播出修学旅行的孩子的安全状况，坚持至今。同时 NHK 电视台、山梨县山梨广播等都在自己的播放辖区内定时播报修学旅行的相关信息。通过这些媒体，学生家长能够清楚地了解到修学旅行中的孩子的安全状况。

5. 修学旅行产品形式多样，适应时代需求

在日本，由于升学压力增大，不少学校开展了旨在为学生提供职业选择参考的修学旅行课程。在"修学旅行班级活动"之一的政治课上，40 多名刘谷南中学的学生参观了众议院第一议员馆，与众议院的议员们进行了面对面的交谈。在政治课上，议员们向学生介绍了自己的人生经历，并且激励学生要坚定信念，为实现心中的理想而不断努力，还满足了学生们合影留念的要求。课程结束后学生们都深受鼓舞，并且在回学校后写的感想书中表态自己开始确定今后的奋斗方向。这些学生除了有"政治课程"外，还有参观美国海军横须贺基地的"和平教育课程"，寻访相扑教室的"体育课程"等六大主题的课程，这些课程都为学生在将来不同领域的职业选择上提供了借鉴。

二、国外研学旅行经验对中国的启示

1. 明确政府是研学旅行的第一责任主体

尽管国家颁布了《国民旅游休闲纲要》，教育部等 11 部门颁布了《关于推进学生研学旅行的意见》，也将研学旅行作为国家必修课纳入了课程规划，但作为准公共产品的研学旅行和教育资源，涉及领域之广、范围之大、行业之多是任何其他公共产品和教育资源都无法相提并论的。在明确教育主体、政府主导、学校主行、企业提供全方位服务的总体原则下，它甚至需要政府成立相应的专门机构来综合统筹协调包括外事、财政、金融、保险、交通、通信、安保、旅游、教育等方方面面的工作。狭义上看，这是补目前学校教育之不足、实现素质教育、提高全体学生综合素质的单纯的教育举措，但如果从更高远的意义上讲，它是帮助实现教育生态改良，从根本上实现教育教学方式改变，培养大国民素养、创新性人才和建设人力资源强国目标牵一发而动全身的事业。因此，要求政府成为第一责任人也是合乎情理的。

2. 设立专门的研学旅行管理机构

研学旅行活动的顺利开展除了要依靠政府部门的政策法规保障外，还需要有一个更为专业的部门进行更为细致的管理、具体的监督和指导。财团法人日本研学旅行研究协会是一个很好的参考模板。中国也可以成立这样一个研究协会，隶属于中国文化和旅游部或者是中国旅游协会，依托某个大学的旅游研究中心，或者设立专门的研究机构。该机构可以组织相关的人员开展对研学旅行的研究；定期组织相关的调查统计；为社会各界提供信息咨询服务；进行市场化、科学化的管理等，在学校、市场、政府部门之间架起一座沟通协作的桥梁。

3. 加强相关部门的通力协作

旅游业是一项综合产业，研学旅行的顺利开展离不开相关利益部门的支持和帮助。这些相关部门不仅包括交通部门，还包括学校、旅店、饭店、景区等。因而，想要发展研学旅行，就需要加强相关利益部门间的协作。例如·可以同交通部门协调，为研学旅行的开展提供相关的便利条件，如开设专列，提供相关价格折扣；同保险公司协调，为研学旅行的学生提供特别定制的保险服务，保障学生权益；同旅游景区协调，争取景区为学生专门开设研学旅行项目，丰富学生的研学旅行活动；还应当广泛争取新闻媒体的支持，适应信息时代的需要，等等。如此，才能保证研学旅行顺利进行。

4. 要适应时代需要，开发丰富多彩的研学旅行产品

目前，我国的研学旅行并未形成成熟的市场，不仅仅因为我国还没有形成完善的研学旅行实施制度，还因为旅游企业尚未大规模推出适合学生的研学旅行产品。中国的研学旅行产品存在着产品单一、质量差，过于追求功利性等问题。现有的研学旅行产品大多采取"名校游"的方式，仅停留在较低的观光旅游层次，且由于缺乏政府部门的引导而纯粹交由市场操作，在操作过程中，研学旅行变成了普通的观光旅游，失去了其教育性。当前，中国的大、中、小学生人数有 2 亿~3 亿，社会各界都逐渐认识到了发展研学旅行的重要意义，庞大的市场和良好的时机给中国的研学旅行带来了巨大的市场机遇。旅游企业要想抢占商机，就要拓展思路，了解不同地区、不同层次学生的需求，深入发掘研学旅行的内涵，设计差异化产品，开发丰富多彩的产品，抢先制定游戏规则。

5. 培养高素质的研学旅行服务人才

由于研学旅行的特殊性，对提供研学旅行服务的人才的素质要求也比较高。研学旅行服务者除了要具备专业的服务知识外，还要善于把握教师、学生的心理，充分了解教育的特点，掌握教育的方式方法等。然而，目前这类高素质人才在中国旅游市场上还十分缺乏，这就需要加强对研学旅行服务的专门人才的培养。此外，服务机构还可以聘请一些研学目的地的教师、学者或者当地学生承担讲解或接待任务，以提高服务机构的服务水平，更好地满足市场需求。

第三节　本课题关注的焦点及出发点

本课题旨在探讨研学旅行课程化的策略，希望通过法规解释、政策解读、概念辨析，使政府、企业、学校和社会其他方面能够发现自身在研学旅行中所能做出的贡献。研学旅行的课程化目标可能今后相当长的一段时间内还难以形成共识，制度框架内的各种尝试都无不可，所以，在主题框架下提供样式各异的案例，既是学校、学界和企业合作成果的展示，也是对多方合作机制、模式的一种探寻。这样一种旨趣决定了本书的一些特点。

一、致力于系统性概述

研学旅行可以从各个层面进行实践和理论研究。首先，从领域层面来看，研学旅行涉及政府领域、教育领域、社会领域、企业领域和传媒领域等。它的有效实践需要政府引导；需要相关专业企业如研学旅行社、保险公司等提供能够满足不同学校、不同年级、不同家庭背景的个性化的产品和针对性的服务；需要相关部门如外事、交通、航空、园林等各部门的制度性配合；需要教育部门在课程化建设、评价方式与内容方面作切实的调整；需要新闻媒体全面支持；需要大专院校、科研院所提供相应开放的容纳制度和相关的智力支持；需要家庭转变教育观念，调整教育支出；需要相关行业协会的自律与监督。因此，这是涉及整个教育生态的、牵一发而动全身的系统的综合性事件。本课题并非对所有问题开具十全大补的方子，而是提出问题引起所有涉事各方的思考，这便是它最大的价值。这是从教育生态层面整体宏观的系统着眼。

其次，单纯从教育领域内部的中观层面来看，研学旅行进入课程体系，不只是一门活动课程的新植、新增，也不是单纯的课程叠加问题，而是涉及课程结构的调整。研学旅行是将原有课程体系的活动类课程进行有机整合、优化课程结构系统的综合性课程·融教育教学于一体，把间接知识学习、直接知识感知相结合，在做中发现问题、解决问题、明确学习方向和目标。

再次，从教学微观层面来看，研学旅行可以从教与学方式转变的层面展开实践和理论研究，这也是十分必要、不可或缺的。没有这样的微观研究，旅游与研学就容易落空，难以整合进而融合。研学旅行带来的教与学方式的改变对已经固化的应试教育的意义不亚于教育教学有机体的基因培植与修复。目前，研学旅行在教育方面的产品稍多，而学校教学层面的改变相对薄弱，本课题所提供的案例也反映了同样的问题。

二、着眼于实例性记录

国外高职研学旅行发展至今，（不是高职研学旅行）产生了不少研学旅行课程的模式，每一种模式都是根据所在国的国情和教育发展水平所做的探索，都有其存在的合理性，也都有其借鉴的意义。在美国，其课程实施主要表现为四种模式：自然教育模式、生活体验模式、文化考察模式和交换学习模式。这几种模式呈现的共同特点为：注重"研学"与"旅行"相互交融、研学活动的弹性设置和经验知识的动态获取、创造研学体验的前景记忆以及研学旅行需求的细化。在国外，自然教育模式的研学旅行指的是为了培养和发展学生更好的关键技能、知识和个人素质，由校方或民间机构开展的野外教育探险、自然历史古迹游学、自然中的动植物观察和景观观赏等活动所组成的学生旅行课程形式。该模式主张开放式教育，看重环境育人的效用。美国、日本、俄罗斯、马来西亚等许多国家将开展自然教育研学旅行作为校外教育的重要部分。在马来西亚，为了让学生了解、熟悉森林保护，积累有关森林保护的经验，养成森林保护意识，于是形成教育、旅游和森林保护三位一体的基于森林旅行的自然教育模式。在日本，不同地方、不同学校都有自己修学旅行的独特模式，比如广岛盈进学校友好城市互访模式、（错别字）大阪府清教学校姊妹学校交流模式、学生就近参观模式。总之，每一种模式的研学旅行都有其教育教学价值的侧面意义，都有所侧重。有的按行为模式可分为团体和个人；按学科分类可大致分为自然科学、人文社会科学、工程技术科学；按体验程度和向度可分为单向体验（比如观光与听讲）和双向体验（互动与参与等）。

第二章 研学旅行相关政策文件解读及概念正解

第一节 研学旅行相关政策文件解读

一、国务院文件解读

(一)《国民旅游休闲纲要》

文件解读：《国民旅游休闲纲要》是首个提出"研学旅行"概念的国家性文件，其中明确提出："在放假时间总量不变的情况下，高等学校可结合实际调整寒、暑假时间，地方政府可以探索安排高职放春假或秋假"，并提出要"逐步推行学生研学旅行""鼓励学校组织学生进行寓教于游的课外实践活动，健全学校旅游责任保险制度"。

(二)《关于促进旅游业改革发展的若干意见》

文件解读：该文件首次提出要将"研学旅行"纳入学生日常教育范畴，构建了分学段设置的研学内容体系，并明确了高职研学的乡土乡情内涵。该文件还明确了研学旅行工作的主管部门为教育部等，并要求在"出台具体措施"，加强对研学旅行的管理，规范学生集体出国旅行。

(三)《关于进一步促进旅游投资和消费的若干意见》

文件解读：首次提出建设一批研学旅行基地，是进一步推广研学旅行的鲜明信号，也是保障研学旅行良性运行的重要举措。

二、教育部文件解读

(一)《关于推进学生研学旅行的意见》

文件解读：

1. 背景和意义

学生研学旅行是由教育部门和学校有计划地组织安排，通过集体旅行、集中食宿方式开展的研究性学习和旅行体验相结合的校外教育活动。对于促进学生全面发展，推动基础教育改革，促进经济社会发展具有重要意义。

2.《意见》对推进学生研学旅行提出的目标要求

《意见》对各地高职研学旅行的开展提出了"四个以"的基本要求，即开展研学旅行工作要以立德树人、培养人才为根本目的－以预防为重、确保安全为基本前提，以深化改革、完善政策为着力点，以统筹协调、整合资源为突破口，因地制宜开展研学旅行。探索形成学生广泛参与、活动品质持续提升、组织管理规范有序、基础条件保障有力、安全责任落实到位、文化氛围健康向上的研学旅行发展体系。让广大学生通过研学旅行增强对坚定"四个自信"的理解与认同；同时学会动手动脑，学会生存生活，学会做人做小，成为德智体美全面发展的社会主义建设者和接班人。

3.《意见》提出的开展学生研学旅行的基本原则

《意见》提出了开展研学旅行的四条基本原则，是各地组织开展研学旅行的基本依据。一是教育性原则，研学旅行要结合学生身心特点、接受能力和实际需要，注重系统性、知识性、科学性和趣味性，为学生全面发展提供良好成长空间。二是实践性原则－研学旅行要因地制宜，呈现地域特色，引导学生走出校园，在与日常生活不同的环境中拓宽视野、丰富知识、了解社会、亲近自然、参与体验。三是安全性原则，研学旅行要坚持安全第一，建立安全保障机制，明确安全保障责任，落实安全保障措施，确保学生安全。四是公益性原则，研学旅行不得开展以营利为目的的经营性创收，对贫困家庭学生要减免费用。

4.《意见》对于各地推进研学旅行的具体要求

一是将研学旅行纳入高职教育教学计划。《意见》要求各地教育行政部门要加强对高职开展研学旅行的指导和帮助。各高职要把研学旅行纳入学校教育教学计划，促进研学旅行和学校课程有机融合。学校要精心设计研学旅行活动课程，灵活安排研学旅行时间。

二是加强研学旅行基地建设。《意见》要求各地教育、文化、旅游等部门密切合作，依托自然和文化遗产资源，红色教育资源和综合实践基地等，建设一批研学旅行基地，打造一批示范性研学旅行精品线路。各基地要将研学旅行作为理想信念教育、爱国主义教育、革命传统教育、国情教育的重要载体，突出祖国大好风光、民族悠久历史、优良革命传统和现代化建设成就，根据不同学段的研学旅行目标，有针对性地开发多种类型的活动课程。

三是规范研学旅行组织管理。《意见》要求各地教育行政部门和高职要制定研学旅行工作规程，做到"活动有方案，行前有备案，应急有预案"。学校要提前拟订活动计划并报教育行政部门备案，并通过各种形式告知家长活动的相关信息，加强学生和教师的研学旅行事前培训和事后考核。学校自行开展或采取委托形式开展研学旅行，都需要安排相关人员负责学生活动管理和安全保障，与家长、参与企业等签订协议书，明确各自的权责，切实保障学生安全。

四是健全经费筹措机制。《意见》提出各地可采取多种形式、多种渠道筹措学生研学旅行经费，探索建立政府、学校、社会、家庭共同承担的多元化经费筹措机制。交通部门，铁路部门，文化、旅游等部门通过执行儿童票价优惠政策、减免门票等方式支持开展研学旅行。保险监督管理机构会同教育行政部门推动将研学旅行纳入校方责任险范围，鼓励保险企业开发有针对性的产品，对投保费用实施优惠措施。鼓励通过社会捐赠、公益性活动等形式支持开展研学旅行。

五是建立安全责任体系。《意见》要求各地要制订科学有效的学生研学旅行安全保障方案，建立有效的安全责任落实、事故处理、责任界定及纠纷处理机制。教育行政部门负责督促学校落实安全责任，审核学校报送的活动方案（含保单信息）和应急预案。学校要做好行前安全教育工作，购买相关的意外险和责任险，与家长、研学旅行委托企业签订安全责任书。旅游、交通、公安、食品药品监管等部门要各司其职，分别对研学旅行涉及的企业，交通工具，住宿、餐饮等公共场所进行安全检查和监督，为开展研学旅行提供全面可靠的安全保障。

5.《意见》在加强研学旅行保障方面的具体措施

一是加强统筹协调。《意见》要求各地要成立由教育部门牵头，多部门共同参加的学生研学旅行工作协调小组，加大对研学旅行工作的统筹规划和管理指导，结合本地情况制订工作方案，将职责层层分解，加强督查督办，切实将好事办好。

二是强化督查评价。《意见》要求各地要建立健全学生参加研学旅行的评价机制，把高职组织学生参加研学旅行的情况和成效作为学校综合考评体系的重要内容。学校要在充分尊重个性差异、鼓励多元发展的前提下，对学生参加研学旅行的情况和成效进行科学评价，并将评价结果逐步纳入学生学分管理体系和学生综合素质评价体系。

三是加强宣传引导。《意见》要求各地在高职广泛开展研学旅行实验区和示范校创建工作。教育部也将遴选确定部分地区为全国研学旅行实验区，积极宣传研学旅行的典型经验。要求各地创新宣传内容和形式，向家长宣传研学旅行的重要意义，为研学旅行工作营造良好的社会环境和舆论氛围。

第二节　研学旅行构成要素和实践意义

一、研学旅行工作开展现状

研学旅行在试点省（区、市）和试验区工作基础上不断地深入和发展。教育部先后选取安徽、江苏、陕西、上海、河北、江西、重庆、新疆等地开展研学旅行试点工作，并确定天津滨海新区、湖北省武汉市等12个地区为全国学生研学旅行实验区。在试验区试点基础上，教育部进一步推出一批研学实践教育基地和营地，中国人民革命军事博物馆，上海无线电科普教育基地，陕西延安中央社会部旧址，武钢工业文化区，中国科学院武汉植物园，青岛鲁海丰海洋牧场，湖南韶山毛泽东同志纪念馆，曲阜孔庙、孔林和孔府，新髓维吾尔自治区博物馆等一批教育价值显著的博物馆、历史文化遗迹、科技研究基地等被教育部列为研学实践教育基地。

国家研学旅行文件出台后，湖北省、安徽省、江苏省等纷纷出台省一级的研学旅行政策，明确将研学旅行课程计入学分序列，武汉市、抚州市等地区明确了辖区内研学旅行试点学校，并出台了研学旅行课程大纲等指导性文件。研学旅行工作在全国正如火如荼地展开。

借助政策的东风，旅行社、教育机构、旅游景区、综合实践基地、博物馆等各种社会力量都在尝试参与研学旅行，很多地方的旅游部门也在积极地介入研学旅行，将研学旅行作为推动全域旅游融合发展的取点。

二、研学旅行与易混淆概念辨析

1. 研学旅行与研学旅游

在工作实践中，研学旅行常被误解为"旅游"活动。首先必须明确：旅行不等于旅游，研学旅行与普通旅游活动也有着本质区别。

旅游实质上是一种消费和休闲过程，花钱享受异地风光、风情、美食及服务。

旅行则是一种体验过程，体验自然，感悟人生。不惧怕遭遇风霜雨雪和艰难险阻，把一切都视为一种经历、一种体验，始终保持平和心态，沉着应对。

至于把研学旅行称为研学旅游，是对研学旅行的本质属性的一种忽视和混淆，是对研学旅行特殊背景内涵的一种忽视和混淆，是没有弄清研学旅行的概念。或许还是某些不够专业的旅行社因陷入价格竞争，使得研学旅行成为"走马观花"的旅游活动，淡化研学旅行课程应有的教育价值和课程目标所导致的社会误解。

总之，把研学旅行称作研学旅游，不但没有领会研学旅行中研究性学习应有的以体验、探究为主的实践学习内容，也没有真正理解旅行作为f种经历所应承载的深刻人生内涵，而简单地把研学旅行理解为让学生放松身心、休闲娱乐的旅游活动。

2. 研学旅行与春（秋）游、夏（冬）令营

在实际的组织和实施中，研学旅行常被等同为以往的春（秋）游、夏（冬）令营活动。但无论是在组织形式、活动目标和效果等多个方面，研学旅行都与这些活动有着很大的差异。

研学旅行是高职纳入教学计划内的必修课，是具有明确课程目标、内容，并有明确的教学时间要求和考评要求的。而春（秋）游、夏（冬）令营属于教学计划外的活动，这些活动也可成为实施校外教育的平台，但从本质上来说，是为了丰富学生课外或假期生活，或是基于市场自由选择的，其活动目标、活动内容和组织形式都与研学旅行相去甚远。

基于此，不可简单地将研学旅行等同于春、秋游或夏、冬令营活动。如果抹杀了两者

的背景，就会将研学旅行的课程简化、弱化，无法达到教育目标和效果。

3. 研学旅行与营地活动

积极导引研学旅行课程利用营地空间开展践行活动，是我国推动研学旅行工作的一大方略。因为在营地、基地内开展研学旅行课程实践，学生的安全风险更小、生活更有保障，同时也可有效降低课程成本，有利于更多学生参与。

研学旅行与营地活动之间虽然有一定的关联和相似之处，但是二者还是有根本性区别的，不能混为一谈。营地教育在国外是一种比较成熟的青少年校外教育活动，美国、德国、俄罗斯、日本等都非常流行。近几年营地教育活动开始进入国内，一些农庄、度假村和景区纷纷打出教育营地的旗子，其实并没有把握住营地教育的核心元素：体系化的课程和专业的师资。营地教育不是简单的户外拓展活动或农家乐活动。

从国外营地教育的发展和现状来看，营地教育更多的是青少年和家长自愿报名，学校基本没参与组织；时间一般集中在寒、暑假期间；基本固定在某一营地内，通过一段时间的集中学习体验来达到一定预期目标的教育方式，是一种区别于学校课堂教学的校外教育活动。国内的营地教育目前尚没有完善的课程体系和相匹配的专业师资，更多是户外拓展活动或农家乐活动的一种包装而已。

4. 研学旅行与校本课程

研学旅行和校本课程分属不同的课程管理类别，但它们同为教育改革的产物，肩负着相同的使命，本质上有诸多相同之处：它们同为活动课程，都需要在课程内容和组织实施上不断创新，都能凸显地域特色等。

值得一提的是，研学旅行尤其适合成为校本课程的实施平台。基于校本文化开发的整校研学旅行课程方案，也被越来越多的学校认可并推崇。

每门课程的设立都是经过反复论证和多方探索的，如果能相辅相成地使用这两门课程，并与学校教育教学形成相得益彰的良好教育态势，才是教育改革最大的欣慰。

5. 研学旅行与综合实践活动课程

在《意见》中强调："把研学旅行纳入学校教育教学计划，与综合实践活动课程统筹考虑。"可见，研学旅行与综合实践课程都是由教育部规定在全国高职开设的国家课程，且都是必修课。

（1）研学旅行被纳入综合实践活动课程。

教育部印发的《高职综合实践活动课程指导纲要》的通知中，将研学旅行归入了综合实践活动课程的"探究考察"活动类别中。而多个研学旅行试点地区也明确，需将研学旅行纳入高职综合实践活动课程和社会实践活动计划。

这是否意味着研学旅行归属于综合实践活动课程，或只是综合实践活动课程内容的一部分，目前教育界及学界均有争论。课题组认为，这需从两个课程的本质内涵来明晰。

（2）研学旅行不应被综合实践活动课程"限制"住。

被纳入综合实践活动课程，并不意味着研学旅行仅能成为综合实践活动课程中一种活动方式下的一个小类。在《高职综合实践活动课程指导纲要》中提到："综合实践活动方式的划分是相对的。在活动设计时可以有所侧重，以某种方式为主，兼顾其他方式；也可以整合方式实施，使不同活动要素彼此渗透、融会贯通"。

厘清研学旅行概念后，就会发现这种活动不单契合"探究考察"，与其他活动方式也有极高的契合度，完全可以彼此融合、整体设计、综合实施。因为研学旅行不单是一门课程，也是一种很好的课程平台，其开放和包容的属性决定了其与其他实践课程，甚至与学科课程的极高适独特的旅行体验作为课程实施特性，广泛的社会资源作为课程内容储备，与实践课程和学科课程的高适配度，都让各界越来越认可研学旅行在更广层面的教育价值和意义。

三、正本清源的意义

在本文中，课题组梳理了研学旅行及与之相关、组织形式相近的一些活动和课程，并从概念、内涵上分析了它们的差异和联系。

在研学旅行工作开展五年来，课题组曾与多个试点城市的教育主管部门、学校及专业机构交流、开展调研。我们发现，对研学旅行概念、内涵的不清晰，可能造成实践工作中的困惑和阻碍。所有关注和参与研学旅行工作的学校及专业机构都应注意，只有紧扣研学旅行课程的本质属性和特点，才能把握课程设计和组织实施的要点。

研学旅行的本质属性有两点。

其一，以旅行为平台，带领学生开阔视野、丰富见识，在互动中体验，在感悟中收获。一次不同寻常的深度体验，往往可影响学生一生。在精心设计的集体旅行中，通过体验课程实现对学生人格素养的导引与培育，其教育效果往往是学校教育难以达到的。旅行活动对学生关键性能力的磨砺和锤炼，也恰可弥补家庭、学校教育的缺失及不足。这就是旅行的价值。

其二，研学旅行的课程空间广阔、多样，课程内容由大千世界、多彩自然的各类资源整合并转化而来，课程师资可由各行各业的不同岗位的人群组成，这种多元灵活、兼容并包的属性，决定了研学旅行课程的广度、深度和高度。

梳理清晰研学旅行的概念，以及研学旅行与当下市场上已有的春（秋）游、夏（冬）令营，综合实践活动课程、营地教育等的关系，是非常重要的。

厘清概念可以确保学校在组织和实施研学旅行的过程中不偏离教育的主题，不偏离教育的要求。

厘清概念可以有效地规范社会机构参与研学旅行。研学旅行是有别于传统的校内课程的，课程的实施需要整合多种社会资源，需要专业的社会机构参与到安全保障和实施过程中来。概念不清晰，就无法对社会机构的资质以及参与的角度和深度做出规范有效的界定，也就无法厘清社会机构和学校在研学旅行中的责任划分。

厘清概念可以最大限度地确保研学旅行实施的安全。安全始终是学校教育管理和教学的底线。

厘清概念可以更好地统整（能否改为统筹）社会资源，将其转化为研学旅行课程资源。研学旅行是学校课堂之外的教育，它的顺利开展需要借助社会资源，如博物馆、历史文化遗迹、科研院校、厂矿企业、革命遗址、自然景区等。

第三章 研学旅行课程体系探索

第一节 研学旅行课程分类

一、研学旅行课程的属性

相较于其他课程，研学旅行有其独特属性：与学科课程相比，具有更大的综合性；与一般的综合实践活动课程相比，具有更广泛的课程资源，因此也具有更深层次的教育意义。

（1）研学旅行需要课程化，需要进行课程化体系的构建，需要根据学生成长的总体目标来设定不同年龄段、不同教学内容的课程目标，并围绕目标完成课程设计。（2）研学旅行需要借助"旅行"这一独特的载体去设计并实施。（3）研学旅行课程是针对学校教育的不足和局限而推出的教育举措，其课程开发及组织实施与学科课程有很大不同：需要将各类社会、自然资源有效转化为研学旅行课程内容；需要整合各种社会专业力量并将其转化为研学旅行各类师资力量，共同承担课程实施。

需要说明的是一只有从学生全面成长的角度认识研学旅行课程，才能在研学旅行课程设计和实施的过程中做到全面细致、开放多元。（有错别字）

特别要指出的是，将研学旅行作为一门课程来对待带有很强的导引性，对学校、对社会专业机构，都具有指导价值，从而避免对研学旅行课程研发践行简单化，避免把研学旅行当作旅游产品而使其陷入困境。

二、研学旅行课程的分类

厘清和明确研学旅行课程属性，有助于我们厘清工作思路，明确工作方法，有助于研学旅行的课程建设及课程实施，有助于课程资源的合理选择和匹配。

研学旅行具有课程的一般性和特殊性，因此，研学旅行课程的分类维度、类型、层级较多，很难找到统一的标准和依据，况且对这样一门开放性、探索性的实践课程，也应允许各抒己见、百花齐放，并在充分探索、探讨的基础上，逐步形成更具科学性、规律性和规范性的共识。课题组基于这种思考，提出如下几种分类方式，供大家讨论。

第一，在国家旅游局发布的《研学旅行服务规范》这一国家行业标准中，将研学旅行产品按照资源类型，分为如下5类：（是否应该为国家文化和旅游部）

①知识科普型

以各类博物馆、科技馆等资源为依托而设计的课程；

②自然观赏型

以山川、江、湖、海等自然资源为依托设计的课程；

③体验考察型

以各类基地、营地等资源为依托设计的课程；

④励志拓展型

以各种红色文化资源、大学校园资源为依托设计的课程；

⑤文化康乐型

以各类主题公园、演艺影视城等资源为依托设计的课程。（能否内容丰富一点）

第二，在《推进全国高职研学旅行试验区工作实施方案》中，提出要让广大学生在研学旅行中获得四种感受，即对祖国大好山河的自豪感、中华传统美德的亲近感、革命光荣历史的崇敬感、改革开放成就的认同感。对应这一文件，可将研学旅行课程分为以下4类：

①自然博物主题课程；

②传统文化主题课程；

③红色文化主题课程；

④改革开放新成就主题课程。（这两个能够换个名字）

第三，根据教育对象的认知能力和认知水平，还可分为小学研学旅行课程、中学研学旅行课程和大学研学旅行课程。（研学主要针对中小学）

人的认知能力是要经历一个由低到高的发展过程的。研学旅行课程可以从帮助学生树立正确的学习观念、发展学习能力、改善学习方法等方面设计，还可从帮助学生解决青春期烦恼、控制情绪、积极沟通合作等方面设计。高职学生的认知已经相对全面，能相对理性地分析和思考问题，所以高职学生是更具行动能力和思考能力的群体，他们更愿意为探索未知世界付出精力，因此，高职学生的研学旅行课程设计可以以学生的自我探究、自主活动为主。

第四，除上，述课程分类之外，课题组更倾向于聚焦研学资源的教育价值来分类，即将研学旅行课程分为以下3类。

①核心课程

无论是学校还是社会专业机构，均应站在教育的维度，站在助力学生健康成长的维度，聚焦社会资源、自然资源的核心教育价值，聚焦优质资源的教育属性，努力做好选择、整合与转化工作，加强核心课程的打造与建设。每一所学校、每一个社会专业机构均能建设一批优质核心课程，并逐渐形成核心课程体系，则必将有益、有力地推动研学旅行这一教育工作。

核心课程的特点在于：

其一，转化课程的资源应具备核心价值，即具有独特性、教育性、体验性，具有丰富的内涵和持续的教育功效；

其二，课程设计专业度高、创新度高、参与度高，应具有鲜明的教育风格，体验性强、互动性强、知识性强，能产生良好的教育效果。

②重点课程

重点课程相较于核心课程而言，资源相对次之、建设相对弱化，但对于学生是必不可少的。对学生的人格素养的养成培育，或对学生关键性能力的培养锻炼有着积极作用的课程，均可纳入重点课程。

③一般课程

即研学旅行教育中较为基础性的课程。

学校或社会专业机构应注意课程建设的基本规律，注重课程建设的逻辑性、递进性，能形成核心、重点、一般的梯次结构，抓好研学旅行课程规划的课程建设。

第五，课题组注意到教育部和湖北省教育厅在其颁布的研学旅行文件中，导引性地提出"研学旅行精品线路"和"研学旅行精品课程"这样一种分类概念，导引人们注重研学旅行课程类型的特性，抓好两种不同特性的课程建设。课题组认为，"精品课程"应注重研学旅行课程资源的文化属性和教育价值，注重教育的内涵和知识的内涵，使"精"与"专"结合，这与本课题组推崇的核心课程的建设理念是相同的。"精品线路"则应注重研学旅行课程践行的通俗性及操作性，注重研学旅行目的地的选择、目的地资源的选择、研学旅行课程空间的选择，以及对研学旅行产品建设专业度与体验度的追求，对研学旅行产品践行"精、细、实"的保障度、安全度的追求，不断提升产品的精度、高度和广度。这样一种来自教育主管部门的分类导引，是各学校、各社会专业机构应高度重视的。"双精工程"应成为研学旅行课程建设的导向。

我们对研学旅行课程分类做了以上一些归纳或探索，当然并不全面，还存在不足，但课程分类有助于我们去探究其背后的更深领域。探讨课程分类的种种问题，有助于推动研学旅行课程的建设和课程践行。

第二节　研学旅行课程资源

一、研学旅行课程资源概述

研学旅行课程以世界为课堂，选择社会与自然中的一切有利于、有益于学生健康成长的"资源"，将其整合、转化为"教学资源"，再转化为"课程内容以此为观察视角可知，这种"资源"真可谓无所不包、无所不用，这些资源呈现着丰富性、多元性、多样性、广阔性的特点，如各种文化资源、自然资源、旅游资源、建设资源等，而且呈现相互渗透、相互关联、相互交织的特性。

研学旅行的制度化设计，前所未有地为各类资源整合并转化为课程内容创造了极好的社会氛围和实现条件。将资源转化为教育资源和课程内容，充分利用各类资源更好地服务于学生的健康成长，应是研学旅行课程的历史使命。

资源是客观的，如何利用则是主观行为。面对无限丰富、多元、多样的资源，如何选择、整合并转化为研学旅行课程内容？这需要有教育理念、实现条件、工作机制和内在驱动力。课题组认为，在这方面，除教育界力量的主导之外，还应特别关注社会力量，尤其是旅行社机构的作用和价值。

因为研学旅行具备"集体旅行"的属性。依据国家相关法律规定，它应由具有旅行服务资质的专业机构即旅行社承办，且这一活动在设计之初，本就有推动中国旅游行业多样化发展、推动旅行社提档升级、重塑行业价值的意义。因此，作为轻资产、重服务、以人力资本促发展的旅行社，对资源的整合和转化有天然的"敏感度"和"内驱力（少一个引号）这种特性使得旅行社在探索与践行研学旅行课程的时候充满了活力和升级的空间。一切有志于提供研学旅行服务的旅行社，应审慎地把握好这一难得的历史机遇，尤其要建立教育的理念和思维，并以此指导资源转化工作，实现跨界转型。

同时，课题组在调研中也发现，目前国内尚没有一套成熟且有效的工作机制来完成对资源的选择、整合和转化，但很多学校和机构对此做出了有益尝试，如多地对博物馆课程的开发和实施、对非物质文化遗产传承课程的探索等。

资源如果处于"休眠"状态，则无法有效达成教育目的。因此，不断在实践中探索研学旅行课程化体系的建设，是所有研学旅行工作者的任务。

二、研学旅行课程资源分类

研学旅行的资源是极其广泛且多样的，研学旅行的资源分类也有多种。在此，课题组仅提供一种资源分类思路，供所有研学旅行工作者们讨论。

1. 国情教育资源

农村、农业、农事，文化旅游小镇，各类非物质文化遗产项目等；

2. 文化教育资源

传统文化、国学经典，红色文化、革命遗址遗迹，名人故里、纪念馆，大学校园，各类研学旅行基地、营地等；

3. 文博资源

各类博物馆、展览馆、国防馆等；

4. 科技及工业资源

各类科技馆、科研院所，各类工业馆、企业馆，各类高科技企业、制造工厂等；

5. 旅游资源

各类旅游景区、主题公园、动/植物园等；（能否换个概念）

6. 自然资源

森林公园、地质公园，山川、森林、草原、沙漠等；

7. 军事资源

各类军事主题场馆、军营等。（能够拓展一下）

除了上述资源以外，还有很多资源同样有利于学生成长，包括各类专家学者、各种专业人士。这些分布在各领域中的优质人力资源转化为研学旅行课程师资，是必要和必需的。此外，还有境外多元、多样的研学资源，对开阔学生视野、丰富学生见识，都是很好的，需要我们认真地关注，有效地选择、整合与转化。

三、研学旅行课程资源转化的原则与方法

面对如此丰富的资源，如果没有有效、合适的整合和转化，就很难开发出优质的研学旅行课程内容。资源的整合与转化工作应遵循哪些原则？课题组提出以下观点，仅供读者参考与借鉴。

1. 教育性原则

资源是无限的，但能纳入某一次研学旅行课程内容中的资源总是有限的。研学旅行课程资源转化应以"教育性原则"为前提，将育人作为终极目标。只有对学生的健康成长有积极影响的资源，才可纳入转化范围内。应以研学旅行课程的教育目标为基本导向，谨慎选择、谨慎把握。

比如，中国的乡村，无论是地理空间还是文化空间都蕴含丰富的资源，包括自然环境、农事场景、农俗农谚等。我国的基本国情决定了农业和农村经济的发展在国民经济和现代化建设中的重要地位。不可否认，因各种客观及主观原因，当今城市学生确实缺乏对乡村的了解和认知，这种缺失是多方面的，但并非所有的乡村资源都适合转化为研学旅行课程内容。

在组织学生走进乡村、了解乡村的时候，就应特别注意寻找并整合适宜的资源，将具有教育价值的部分转化为研学旅行课程内容，形成乡村文化研学旅行课程体系，实现这部分资源的现实价值和教育价值。

2. 课程化、体系化、整体性原则

研学旅行是被纳入教育教学计划的国家课程，不能被简化为某一次或几次校外活动，因此须以整体性的思维组织实施各类资源的转化。研学旅行覆盖了从小学到大学的大部分学段，课程的递进性、衔接性是需要把握的；作为一门活动课程，其教学空间和教学方式多样。这些特性反映到资源转化工作中，就需要避免资源选择的随机、零散和单一，要根

据整个研学旅行课程体系及目标体系来组织实施资源的转化工作，这样才能更有利于研学旅行课程建设及其教育价值的实现，有利于实践育人工作的完善和优化，也会更有利于调动社会专业机构的工作活力。

3. 体验性原则

研学旅行是以体验为活动组织形式的，体验式学习也已被越来越多的老师和学生所接受。在资源转化工作中，保证内容的"体验性"一定是非常重要的原则。要让研学旅行课程的内容以体验为核心，让学生在不断地体验和经历中发现和感悟。这种实践不但能激起学生求知的欲望，在旅行互动中又能帮助他们更好地进行社会化实践活动，将"行"和"知"达到完美结合，为学生的学习注入活力。

4. 真实性原则

在实践中我们会发现，待转化的资源极其多样，但"真实"并非所有资源都具备的特性。之所以要在制度设计中增加研学旅行这项课程，就是因为目前的教育生态较为封闭，而学生需要到真实的场景中通过体验和经历开展学习，培养和锻炼面对真实生活的素舞和能力（错别字）。因此课题组认为，在转化的工作中应特别把握"真实性原则"，寻找将知识与真实生活连接起来、并可互相印证的那部分资源，让学生在参与过研学旅行课程后了解真实生活、掌握真实能力、塑造真实人格。

5. 因地制宜原则

研学旅行活动是根据各地不同的情况开展起来的，在资源转化时，必然需要遵循"因地制宜"的原则，尤其是在开发关于乡情、县情、市情、省情的研学课程时，应特别注意凸显本地资源特色，并立足于本地学校及活动开展的具体情况，具体问题具体分析，切不可生搬硬套其他地区的经验和办法。

四、应注意区分的两组概念

1. 研学旅行基地与研学旅行营地

研学旅行基地和研学旅行营地，是开展研学旅行活动的重:要资源，也是教育行政主管部门特别推动的建设项目。（符号错误）研学旅行基地与研学旅行营地，从本质属性来看，都是研学旅行的一种资源，是研学旅行课程实践的平台和空间。课题组认为需将这两个概念做进一步的厘清，有助于更好地利用这些资源做好研学旅行工作。

在研学旅行工作开展以来，又很自然地延展到各类资源场地，如博物馆、科技馆、植物园，或各类主题公园和景区等。

近些年来，欧美营地模式开始传入中国。各类大小不一、主题不同、以体验为主要特色的教育营地逐渐兴起。

目前，多地已有关于研学旅行基地或营地的地方标准，如安徽省出台的《研学旅行基地建设与服务规范》、河北省出台的《研学旅行基地设施规范》，但全国目前尚未对研学营地、基地有一个规范、统一的认识。

课题组认为，研学旅行营地和研学旅行基地均是可接待学生研学旅行的物理空间。基地大致分为两类：一类即传统的综合实践基地（素质教育基地、国防教育基地等大体归入此类）；另一类则是以某些综合类资源场馆、场地为基础·在教育部门主导下通过资质认定而挂牌的研学旅行基地。营地是新生事物，还有待人们认识。把以往传统的综合教育基地称为研学旅行营地，是当下较为常见的混称。随着时代的发展、业态的发展·更具有明确的指向、更为专业化的"研学旅行营地"一定会成长起来。

在实践中，我们发现这两者的不同一般集中在这几个方面：研学旅行营地一般规模较大，教育课程较为丰富，表现为多个主题形成课程体系，营地内可提供食宿；研学旅行基地一般规模较小，更突出某一主题或几个主题的教育活动，一般不提供食宿。

"基地"与"营地"不能混为一谈，不能互为代替，但这两种资源既然均为研学旅行的活动空间和资源载体，就应有共同的教育属性。无论是基地还是营地，只要在此空间上实施研学旅行课程，就应具备教育资源、教育课程、师资队伍和生活保障体系及安全保障体系。尤其对于营地来说，具有良好教育理念和专业素质的师资队伍，是营地运营的"灵魂"。

2. 研学旅行目的地与旅游目的地

研学旅行需要提供旅行体验，也就是从一个地方到另一个地方的物理空间变化。与常规旅游目的地的选择不同，研学旅行目的地的选择不在于它在旅游层面有多大知名度、吸引力，而在于当地的各类资源是否有教育内涵、教育价值，是否适宜转化为课程，是否对学生的成长有帮助，以及是否有足够的安全保障等。

常规旅游目的地，尤其是旅游热点城市，因其公共设施更完备，旅游配套设施更齐全，更容易被选择为研学旅行目的地。但在这些地方，研学旅行组织者应更注重对合适资源的筛选和整合。

此外，还有一些非旅游热点城市，因其资源的独特价值或独特体验，而具有较高的研学价值。如江苏省常州市，并非旅游热点城市，其知名度、吸引力远不及它周围的苏州、扬州、无锡，但这个城市具有丰富的研学资源，历史的、文化的、工业的、红色的、名人的，而且几大主题公园的文化内涵均独具价值，非常适宜作为学生开展研学旅行的目的地。

第三节　研学旅行课程体系

研学旅行作为一门特殊的课程，在课程的构建方面也存在着自身的特性。如何规范研学旅行课程设计及课程内容，课题组的思考如下。

一、研学旅行课程设计原则

1. 教育性原则

研学旅行课程具有学校主导、旅行社等专业机构参与的基本特征，因此，在课程设计中，需要把握"教育思维先行"这一原则。教育思维先行，即在研究研学旅行课程活动方案时，应从教育角度出发，探究、判断及验证该方案是否具备课程要素，是否符合课程基本特征，是否有明确的课程教学目标，其课程内容如何从社会资源转化而来，怎样设计并组织实施相应的体验活动，如何培养研学导师等师资团队来组织并实施课程内容，怎样在教学过程中开展课程评价，等等。

2. 整体性原则

对学校而言，应有前瞻性、整体性的课程设计和规划，包括如何建设全学龄段研学旅行课程，如何保持课程记录的持续性，如何将研学旅行评价对接至学校评价体系，以避免出现随机性和随意性等问题。课题组在实践中，发现学校可借助专业的社会资源和力量设计整体性课程方案，分期分次执行。研学旅行课程承办服务机构也应思考如何在帮助学校建设研学旅行课程整体设计方案的同时，体现自身的专业价值。

3. 课程性原则

研学旅行不是传统意义上的学科课程，甚至不是一门典型的传统活动课程。它的组织和实施需要在学校外部环境中寻找资源、寻求力量。课程时长不一，每一天的活动内容也不尽相同。课程内容和课程时空的灵活多变，决定了这种课程不可能一次性设计完毕，而是呈现一种持续性、递进性、关联性、多样性的特征。因此，课题组认为，研学旅行课程在本质上会始终呈现一种"课程化特质"，即在课程设计、教学内容、组织实施、

课程评价等多方面的复合性和变化性，这种特性使得研学旅行课程呈现出一种"不稳定性"和"不确定性"。但只要在课程的组织实施过程中，始终以学生为本，以学生成长为前提，这种"不稳定性"和"不确定性"反而会成为吸引学生参与研学旅行的最大特质。因此，课题组认为，研学旅行课程在本质上呈现出这种复杂多变的课程化特质，是在规划建设课程体系、设计研发课程方案时的要点，必须加以重视。

4. 实操性原则

研学旅行课程是需要组织学生"集体旅行、集中食宿"的活动课程，是需要广泛利用各类社会资源、借助社会专业力量共同参与并实施的课程，因此，一个课程方案是否具备实操性就显得十分重要。无论是学校还是专业机构，在设计研学旅行课程时都应切忌闭门造车，应加强事前调研工作和沟通协调工作，应对资源掌控做到心中有数，应注意构建良好的工作机制，应有严密的安全防控方案，等等。

二、研学旅行课程目标

研学旅行课程目标应从两个层面来理解和阐释。

第一个层面，从课程设置的出发点和目的性来看研学旅行的课程目标。

研学旅行课程是在国家推动深化教育改革的背景下提出的，是针对基础教育领域如何突破应试教育对学生的禁锢和封闭，如何让学生能更多地接触社会与自然，如何营造更好的教育环境、教育条件，培育学生更健康的人格和关键能力而提出的教育举措。

所以从这门课程的提出来看，首先，它的目标就是让学生走出校园，以旅行的方式更好地自我成长。研学旅行课程借用旅行这一载体，让学生真正走出三点一线式的相对封闭状态，借旅行给他们提供独立成长的时间和空间，让他们学会自理自立。

其次，研学旅行的践行会涉及社会上的多个行业，同时也会汇集社会的多种资源，有利于形成多维教育空间。

为给学生的健康成长提供更广阔的教育平台，研学旅行课程应运而生，更重要的是它提供了一种新的工作机制，让学校外的专业机构、专业人士可通过这种机制，进入高职的学校教育空间，与家庭教育、学校教育形成互补、共助，从而达到育人模式的多元化和开放性演进态势，也使得大社会、大自然极为丰富的优秀资源能通过研学旅行这门课程转化为教学资源、教育内容，助力学生的成长。

只有真正了解研学旅行这一目的，并进一步关注和思考，为学生提供更多的锻炼机会，才能让他们担负起未来社会的责任。

第二个层面，从研学旅行课程本身的价值分析来把握课程目标。

研学旅行课程不同于原有的学校学科课程，也与综合实践活动课程和校本课程有较大的差异，认识研学旅行课程价值，需要厘清课程本质属性和课程特性。

研学旅行作为一门课程的特殊性在于课程组织形式的要求，即以集体旅行的方式培养、教育学生。集体旅行是研学旅行课程的本质属性之一，这种形式具有独特的教育价值，而这种教育价值很难从其他教育方式中获取。

综合以上两个层面的特点，研学旅行课程目标应该包括如下内容。

1. 传承优秀文化

全国各地都有独具特色的乡土文化资源，如：武汉区域的"首义文化""长江文化"、湖北范围的"荆楚文化""三国文化"、全国范围的"国情文化""红色文化""名人文化"，等等。

通过有效地整合与转化优秀的文化资源，建设研学旅行的"精品课程"，应该成为研学旅行课程建设的重点。以课程目标导向，让学生体验、参与、互动，将是研学旅行课程践行的工作思路。

2. 提升人格素养

人的素养形成是由很多日常生活的习惯及日常生活的见识所构建的，研学旅行在提升人格素养方面具有其他课程不可比拟的优势：旅行中，举止的文明、环保的践行、共处的包容、互助的利他等都在潜移默化、不知不觉地影响和塑造着学生们。以目标或问题为导向，将影响人格素养的教育点位梳理出来加以引导和培育，是研学旅行的价值所在。

3. 培养关键能力

人的能力，特别是能影响人的一生的做人、做事的关键能力，如自理自立能力、团队协作能力、独立学习和独立思考的能力等，都是需要从小培养的，但当今中国的生活状态，尤其是教育状态，使得学生缺乏一种环境来为他们的这些关键能力成长提供条件。尤其是通过旅行的方式和研究性学习的课程设置，引导学生们自己去观察、实践、探索、体验、经历而主动获得的各种能力，就显得尤为难能可贵。

4. 获得丰富见识

见多识广是中国的一句老话，意思是旅行丰富人们的知识，增长人们的见识。一个人能否成为合格的公民，看的是其基本素质；而一个人是人才还是精英，看的却是其格局，而人的格局除了从学习中来，更重要的还是从见识中来。有一本书中说得好：经历等于成长，经历丰富等于优秀，经历非凡等于卓越。而真正能帮助学生开阔视野的，当然是大社会、大自然、大世界的丰富和精彩——乡村的纯朴生活、社会的传统与现代、大自然的博大与丰富……研学旅行的践行，可以有效帮助学生增加丰富的人生体验和人生经历。

此外，研学旅行是以活动课程为基本特征的，不同的活动设计，必有不同的活动目的和思考；根据不同活动设计的目的，可以形成更丰富、更形象、更具体的课程目标。课程目标不必硬性拘泥、面面俱到，但对课程目标具有更深刻、更准确的认识和把握，必有助于我们对研学旅行课程建设的推进。

三、研学旅行课程六大要素

研学旅行既然是一门实践性与科学性兼具的课程，那么它就应该具备此种课程的相关要素。厘清研学旅行的课程要素，有助于我们更好地设计与实施研学旅行课程。研学旅行课程应该具备如下要素。

1. 课程目标

目标是一切课程的前提，明确研学旅行课程目标，使研学旅行课程以方向为导引，才能最终实现课程效果。

2. 课程内容

研学旅行课程的显性特征是组织学生到大社会、大自然、大世界中去，通过"集体旅行、集中食宿"的方式，把"世界"当作课堂，将一切有益、有教育价值的"社会资源"

（包括自然资源等）转化为"课程内容"，让学生以"参与、互动、体验"的方法学习、感悟，从而获得成长。

课程时间和空间是研学旅行课程的要素。设计研学旅行课程方案，应对课程所需时间、适宜时间，做周密的考虑和妥善的安排；应对课程实施的空间有合理的安排，应符合研学旅行的本质属性，不可偏颇、偏执，不能因畏难而简单处理。

4. 课程师资

任何课程都需要合适的老师去讲课，但研学旅行课程的老师具有特殊性。由于研学旅行课程的种种特性，我们需要以新思维、新态度、新思路去构建师资队伍。这支队伍中，不仅包括学校老师，还可包括旅行社、博物馆、主题景区等专业机构的工作人员，以及社会各类专家、专业工作者、某种专业人才等。这些人员构成新型的师资队伍，去共同承担研学旅行课程的教育使命。

5. 课程组织实施

研学旅行课程的组织实施与常规课程不同，除具有常规课程应具备的稳定的教学结构框架和程序外，更应突出对持续变化、灵活多样的活动形式的整体性把握，以及在旅行平台上实现研究性学习内容的具体实施办法。

6. 课程评价

任何一门课程都需要相应的课程评价方法来检验课程教学质量和教学效果，研学旅行课程也不例外。研学旅行课程的复杂性、多样性、多元性使其评价方式有别于常规评价方式。应探索用什么方法、以哪些维度、有哪些人参与评价，从而构建一个系统的研学旅行课程评价体系。

四、实施研学旅行课程的四大空间

研学旅行的组织实施空间是多变的、多元的。课题组认为，至少需要把握以下四大空间。

1. 本土空间

教育部在推动研学旅行工作中倡导，学生开展研学旅行工作，应十分注意"乡情、县情、市情、省情、国情教育"，以及各类社会文化资源，如乡土文化资源、传统文化资源、红色文化资源等，这些都是研学旅行课程的重要教学内容，因此，本土（某一乡、某一县、某一市、某一省）空间是开展研学旅行课程教学的第一空间。需要我们注意的是，强调研学旅行的本土空间，是让学生从了解家乡开始，进而走向世界。

2. 目的地空间

旅行目的地多不胜数，如何选择、甄别，是研学旅行课程的关键。应该选择那些文化资源相对丰富的目的地、相对富有影响力和吸引力的目的地及相对有利于出行和安全保障的目的地，总之，应注意规避仅从旅游吸引的角度来选择，更应从学生受教育的需求来选择研学旅行目的地。

3. 基（营）地空间

教育部十分倡导更多地利用各类研学旅行基（营）地来开展研学旅行。研学旅行基（营）地教育依托基（营）地资源，在自然教育方面拥有得天独厚的资源。而在课程安排上，基（营）地教育已经日渐完善，涌现出如以启行教育为代表的一批基（营）地教育优质企业。在基（营）地中，能通过增减课程，满足研学旅行的需要，常常能在为期几天的活动中让学生们受益匪浅。充分利用基（营）地空间独有的资源开发研学旅行课程，特别是以泛基（营）地思维整合和转化更多课程内容，是我们需要思考和努力的。

4. 旅行空间

旅行空间即旅行过程。旅行是充满魅力的流动空间，利用这个空间，做好一些适应性、针对性较好的教育项目或教育活动，丰富并完善研学旅行课程方案十分重要。

五、研学旅行课程师资

研学旅行课程需要吸纳社会机构的专业人士，也需要社会上一切愿意助力学生健康成长，具有教育情怀或理想的专家、专业人士或专门人才加入。这类师资大致包括如下几类人士。

1. 旅行社导游

旅行社是最有资格成为研学旅行课程承办服务机构的：旅行社具有整合丰富社会资源和组织旅行活动的经验－具有"旅行社责任险"法定资格，拥有从业经验丰富的专业导游。

因此，旅行社导游要成为研学旅行课程老师，应经历转型和专业培训过程，并获得某种认证，才可被称为研学导师，才可成为研学旅行课程师资队伍中的一员。

2. 传统基（营）地教练等工作人员

研学旅行基（营）地、综合实践基地等机构接待学生并提供相应服务的各类工作人员，包括教练、教官、讲解人员、体验师等，从某种意义上讲，也是研学旅行的师资人员。

上述这些专业人员也不能自然而然地成为研学旅行课程师资。研学旅行有完整的课程方案，研学旅行课程师资应对课程方案有较深入的了解和认识，应对上课的学生有较深入的了解，应具备组织能力、授课能力和分享能力，也应具备较好的教育理念、教育情怀等。

3. 博物馆等场馆的讲解人员

各类场馆的讲解人员具备一定的专业知识和讲解技能，在研学旅行课程中，他们就临时性地当起了专业导师。但此时的场馆讲解人员还不能成为真正意义上的研学导师，是因为他们只是临时导师，由于工作时间的阶段性和地点的固定化特点，他们此时的讲解与一般的旅游讲解并无区别。

4. 各类专家、专业人士

社会生活中的各类专家和各行各业的专业人才，如大学教师、科研机构研究人员、非物质文化遗产的传承人等，这些人士都可成为研学旅行课程师资。因为研学旅行课程会涉及丰富的文化资源和广泛的社会资源－以帮助学生增长知识、开阔见识、学会共处、提升素养，所以要做好研学旅行课程的服务工作，必须整合更多专家、专业人士加入研学旅行课程的师资队伍。

5. 在校大学生群体

大学生群体与学生心理距离近，容易与学生亲近，学业上有者突出的示范性。在工作实践中也可发现，学生更容易亲近大学生群体，因此，选择合适的大学生参质研学旅行课程，更容易帮助学生掌握研学旅行课程目标，参与研学旅行课程学习，达到研学旅行课程的理想效果。

六、研学旅行课程评价

研学旅行是一门活动课程，虽不需要考试，但应有课程评价，并通过课程评价，指导和优化课程的教与学。同时，作为一门活动课程，研学旅行与传统学科课程大不相同，因此，其课程评价方式、评价维度也会大不相同，这些都需要不断探索，以总结与完善课程评价体系与评价方式。应允许多元化、多样化、多角度评价的探索。

就目前情况看，有关研学旅行课程的具体评价体系还没有统一标准，对实践课程的评价内容包含学生的思想品德、学业水平、身心健康、艺术素养、社会实践五个方面，评价角度包括学生自我陈述、教师评语、学校综合素质评价委员会意见几个方面。

第四章 研学旅行的课程与教学理念

第一节 研学旅行课程的理论基础

一、杜威的生活教育理论

约翰·杜威，美国哲学家、教育家，实用主义的集大成者。他的著作涉及科学、艺术、宗教伦理、政治、教育、社会学、历史学和经济学诸方面，他将实用主义哲学和进步主义教育联系在一起，对美国的教育和文化产生了重大的影响。

杜威的中国学生胡适、蒋梦麟、陶行知等代表江苏省教育会、北京大学和北京大学知行学会等五个团体邀请他访问中国，先后在北京、南京、杭州、上海、广州等地讲学。他的教育思想对中国教育产生了重要而深远的影响。

基于实用主义经验论，杜威对传统的学校教育做了深入的批判，提出了他自己对于教育本质的三个基本观点："教育即生活""学校即社会"和"从做中学"。

1. 教育即生活

杜威认为，教育就是儿童生活的过程，而不是将来生活的预备。教育和生活相联系是儿童生长和发展的条件，生长和发展就是教育本身。杜威认为："因为生长是生活的特征，所以教育就是不断生长。"教育不是强迫儿童去吸收外面的东西，而是要使人类与生俱来的能力得以生长。

"教育即生活"强调的是教育对生活的影响，强调的是教育的生活意义。所以，最好的教育就是"从生活中学习、从经验中学习"。

"教育即生活"指出教育是生活的需要。杜威强调，教育不能离开社会生活的背景。而社会生活是复杂的，不能直接作为儿童生活的背景。社会生活需要经过教育的简化、净化和平衡后才能成为儿童学习的背景。

杜威的"教育即生活"理论阐明：现实教育必须联系和适应社会生活的变化，教育应对社会生活进行简化、净化和平衡，引导学生逐渐融入现实的社会生活中，教育本身是一种生活，更是儿童生长和发展的过程，是一种构建理想生活的活动。

2. 学校即社会

杜威认为，学校教育是社会生活的一种形式。学校应该"成为一个小型的社会，一个雏形的社会"。学校应该把现实的社会生活简化到一种简单状态从而呈现儿童的社会生活。

"学校即社会"反映了学校与社会的关系：一是学校本身就是一种社会生活，具有社会生活的全部含义；二是校内学习要与校外学习相联系，两者之间相互影响。

3. 从做中学

在教学论的层面上，杜威提出了"从做中学"的基本原则。

杜威认为，教学过程应该就是"做"的过程，强调学习与应用结合，在学习中充分发挥儿童的主动性和创造性。杜威强调，如果儿童没有"做"的机会，那必然会阻碍儿童的自然发展。儿童生来就有一种要做事和要工作的愿望，对活动具有强烈的兴趣，对此要给予特别的重视。

"从做中学"对于学习和应用相结合的理念，和我们现在强调的理论联系实际、教育不能脱离生活的原则是一致的，是研学旅行的重要理论基础之一。

二、陶行知的生活教育理论

陶行知，安徽歙县人，中国现代伟大的人民教育家、思想家，伟大的民主主义战士、爱国者，中国人民救国会和中国民主同盟的主要领导人之一。陶行知赴美国留学，先后就读于伊利诺伊大学和哥伦比亚大学。在哥伦比亚大学教育学院就读期间，师从杜威并深受其教育理论的影响。但陶行知并没有照搬杜威的观点，而是在教育实践中对杜威的教育理论进行改造和发展，在继承和发扬中西方文化教育精华的基础上创立了自己的生活教育理论。生活教育理论是陶行知教育思想的理论核心。

"生活即教育""社会即学校""教学做合一"是陶行知生活教育理论的三大基本原理。

1. 生活即教育

"生活即教育"是陶行知生活教育理论的核心。"生活即教育"的基本含义包括：（1）生活决定教育，教育不能脱离生活，有什么样的生活就有什么样的教育，教育是为满足人的发展和生活的进步的需要。（2）教育要适应生活的变化，生活教育的内容要随生活的变化而变化。（3）教育为改造生活服务，在改造生活的实践中发挥积极作用，教育只有服务于生活才能成为真正的教育。（4）生活教育是终身教育，是与人共始终的教育。

2. 社会即学校

陶行知认为自有人类以来，社会就是学校。陶行知提出"社会即学校"，在于要求扩大教育的对象、学习的内容，让更多的人受教育。他指出："我们主张'社会即学校'，是因为在'学校即社会'的主张下，学校里的东西太少，不如反过来主张'社会即学校'，教育的材料、教育的方法、教育的工具、教育的环境，都可以大大增加，学生、先生也可以更多起来。"陶行知认为："学校即社会，就好像把一只活泼泼的小鸟从天空中捉来关在笼里一样。它要以一个小的学校去把社会上所有的一切东西都吸收进来，所以容易弄假。""社会即学校"就是"要把笼中的小鸟放到天空中去，让它能任意翱翔"，"把学校的一切伸张到大自然里去"。由此可见"社会即学校"的基本内涵包括：（1）学校教育的内容和范围不仅限于书本和教室，教育的范围应扩大到大自然、大社会和人民群众中去。（2）整个社会是生活的场所，也是教育的场所。社会的每一个角落都具有教育的功能，社会就是一个大学校。（3）学校教育必须与社会实践相联系，要根据社会需要办教育。

3. 教学做合一

"教学做合一"是生活教育理论的教学论。关于"教""学""做"的关系，陶行知指出："在做上教的是先生；在做上学的是学生。从先生对学生的关系说：做便是教；从学生对先生的关系说：做便是学。先生拿做来教，乃是真教；学生拿做来学，方是实学。不在做上用功夫，教固不成为教，学也不成为学。""教学做合一"是生活现象之说明，即教育现象之说明，"在生活里，对事说是做，对己之长进说是学，对人之影响说是教，教学做只是一种生活之三方面，而不是三个各不相谋的过程。""教学做是一件事，不是三件事。我们要在做上教，在做上学"，"事怎样做便怎样学，怎样学便怎样教。教而不做，不能算是教；学而不做，不能算是学。教与学都以作为中心"。

陶行知所说的"做"，用现在的话说就是生活实践、社会实践，是发现问题、分析问题、解决问题的活动。

陶行知的生活教育理论对中国乃至世界教育改革产生了重要影响，至今仍然对教育具有重要的现实指导意义，特别是我国新课程改革以来推进综合实践活动和研学旅行课程的重要理论基础。

三、罗杰斯的人本主义教育理论

罗杰斯坚持教育要"以人为中心"，教育的目的应该是"整体的人"的发展，应该追求"完整的人格"。他反对传统教学中注重知识的灌输、扼杀学生的好奇心和学习兴趣、把认知和情感分离的教学方式，强调教学应该知情合一。罗杰斯认为，教学应该是促进学生自由学习的过程，教师的角色应该是学生学习的"促进者"。教师的作用应该是帮助学生发现所学习的东西的意义，帮助学生安排好学习活动和材料。学生应该是学习的主人，教师应该是学生学习的助手、催化剂或促进者。在教学方法上，罗杰斯认为教学不是直接传授和灌输某种知识，而是传授获取知识的方法。他主张，教学活动应该是给学生提供组织好的材料，引导和启发学生自己去学习。

研学旅行课程，恰恰是能够体现罗杰斯的这些教育思想的学习载体，学生在旅行过程中通过对课程设计中选择并安排好的资源的学习，实现全面的自主的发展。

四、拉尔夫·泰勒的课程原理

拉尔夫·泰勒出版了他的经典著作《课程与教学的基本原理》。这部著作的出版，对课程理论的发展产生了重要而深远的影响，基本上界定了课程内涵的基本要素。泰勒的《课程与教学的基本原理》与杜威的《民主主义与教育》一起被美国《卡潘》杂志评为在学校课程领域影响最大的两部著作。

在《课程与教学的基本原理》一书中，泰勒给出了分析、诠释和制订学校课程与教学计划的基本原理，这一原理包括四个基本问题：

1. 学校应力求达到何种教育目标？

2. 要为学生提供怎样的教育经验才能达到这些教育目标？

3. 如何有效地组织这些教育经验？

4. 我们如何才能确定这些教育目标正在得以实现？

这四个基本问题正是任何课程及教学计划都必须回答的问题。

这四个问题，用今天的话来说，就是课程目标、课程内容、课程实施和课程评价四个课程要素。

研学旅行作为一门课程，那么在课程的开发与设计时，就必须要包括这四个基本要素。

五、基于核心素养的教育理论

教育部印发《关于全面深化课程改革落实立德树人根本任务的意见》，提出"教育部将组织研究提出各学段学生发展核心素养体系，明确学生应具备的适应终身发展和社会发展需要的必备品格和关键能力"。

此后，林崇德教授领衔的由北京师范大学等多所高校的近百名研究人员组成的学生核心素养研究联合课题组，历时近三年获得研究成果。研究成果获得教育部审核通过。

学生发展核心素养以培养"全面发展的人"为核心，分为文化基础、自主发展、社会参与3个方面，综合表现为人文底蕴、科学精神、学会学习、健康生活、责任担当、实践创新六大素养，具体细化为国家认同等18个基本要点。各素养之间相互联系、互相补充、相互促进，在不同情境中整体发挥作用。

学生核心素养的内涵包括：

（一）文化基础

文化是人存在的根和魂。文化基础，重在强调能习得人文、科学等各领域的知识和技能，掌握和运用人类优秀智慧成果，涵养内在精神，追求真善美的统一，发展成为有宽厚文化基础、有更高精神追求的人。

（二）自主发展

自主性是人作为主体的根本属性。自主发展，重在强调能有效管理自己的学习和生活，认识和发现自我价值，发掘自身潜力，有效应对复杂多变的环境，成就出彩人生，发展成为有明确人生方向、有生活品质的人。

（三）社会参与

社会性是人的本质属性。社会参与，重在强调能处理好自我与社会的关系，养成现代公民所必须遵守和履行的道德准则和行为规范，增强社会责任感，提升创新精神和实践能力，促进个人价值实现，推动社会发展进步，发展成为有理想信念、敢于担当的人。

第二节　研学旅行的课程定位

一、研学旅行不同于一般的观光旅游活动，具有明确的教学目标

一般的观光旅游活动无论是目的还是行程，都具有随意性。活动目的主要在于欣赏和体验，行程的选择完全取决于个人的兴趣、身体及经济条件。而作为课程的研学旅行则具有明确的、统一的教学目标。旅行是课程实施的特殊方式，是通过旅行让学生体验、探究、分析行程中的教育资源，学会科学规范地研究现实问题的过程与方法，同时培养学生多领域的核心素养，塑造正确的人生观、世界观和价值观的一种课程实施形式。所以说，研学旅行的本质是实践教育课程。

二、研学旅行的线路不同于一般的观光旅行线路，具有明确的研学主题

线路上的每一个景点都是一个教学单元，每一个单元都是线路总的研学主题的组成部分。所以，研学旅行的线路设计具有课程与教学内容的整体性和系统性。

其次，作为一种综合实践活动，研学旅行课程也不同于传统的学科课程。主要有以下几方面的特点：

1. 教学目标的多元性

研学旅行课程有明确的、统一的教学总目标，但根据旅行资源的不同属性和特点，不同的旅行线路，不同的景点资源，又必然产生不同的具体的教学目标。因此在课程教学目标的确定时，必须依据不同资源的特殊属性，设定不同的、具体的课程目标。

2. 教学内容的开放性

研学旅行不同于一般的学科课程，几乎没有学科内容的边界。理论上任何内容、一切现有的物质的文化的存在都可以成为研学旅行的课程和教学资源，因为任何现实的存在都有现实的或潜在的值得研究的问题。当然我们在实际进行课程内容开发的时候必须考虑资源的典型性。

3. 教学内容的独立性

不同于一般学科课程内容的系统性，研学旅行的课程内容可以是独立的。每一条线路

都可以独立完成课程教学目标，各线路的教学内容之间不具有关联性。所以，研学旅行的课程内容在不同线路之间具有独立性，而在每一条线路的不同景点，也就是教学单元之间又具有整体性。研学旅行的教学内容具有独立性和整体性的双重特点。

4. 教学过程的实践性

研学旅行不同于一般学科课程，课程的实施必须通过学生的亲身实践完成，文献学习不能取代实践过程。学生必须亲身经历整个研学旅行过程，才能完成课程的学习。旅行过程本身既是课程实施的方式，又是课程实施的目标。

5. 教学结果的发散性

研学旅行不同于一般的学科课程，其教学结果与学生本人的特点密切相关。经历同样的研学旅行，参观同样的景点资源，每个研学旅行者关注点不同、文化背景不同、思维方式不同、情感态度与价值观不同，每个人的收获和感悟也一定不同。

第三，研学旅行是跨学科综合课程。研学旅行课程内容的开放性决定了研学旅行一定是一门跨学科的综合课程。地理、历史、政治、文学、科技等各个学科，农业、工业、渔业、商业、林业、服务业等各行各业，都可能在研学旅行的教学内容中涉及。所以，研学旅行课程，对开发者、实施者、学习者都具有较高的要求，相较于一般的学科课程，是一种新的挑战。

第四，研学旅行是高职综合实践活动课程的重要组成部分。综合实践活动课程是国家课程的必修课程，所以，研学旅行是必修课程。

第三节　研学旅行课程的设计原则

教育部等11部门《关于推进学生研学旅行的意见》（以下简称《意见》）是高职研学旅行课程的基础性文件。

一、《意见》对研学旅行工作明确提出了四项基本要求

1. 以立德树人、培养人才为根本目的

《意见》指出："让广大学生在研学旅行中感受祖国大好河山，感受中华传统美德，感受革命光荣历史，感受改革开放伟大成就，增强对坚定'四个自信'的理解与认同；同时学会动手动脑，学会生存生活，学会做人做事，促进身心健康、体魄强健、意志坚强，促进形成正确的世界观、人生观、价值观，培养他们成为德智体美全面发展的社会主义建设者和接班人"。这些要求和学生核心素养体系的要素是完全相符合的，所以，研学旅行课程对于培养学生的核心素养有不可替代的教育意义。

2. 以预防为重、确保安全为基本前提

安全是研学旅行课程设计与实施的基本前提，没有安全，一切都将失去意义。安全保

障要以预防为主，要在行前课程中加强教育培训，要制订各种必要的应急预案。

3. 以深化改革、完善政策为着力点

研学旅行是跨学科、跨领域、跨行业的综合实践活动课程，既是教育行为，又是旅游活动。要切实推进研学旅行教育工作，就必须深化改革、完善政策，调动各方面的积极性，相互配合，通力协作。

4. 以统筹协调、整合资源为突破口，因地制宜开展研学旅行

研学旅行的课程资源极其广泛，涉及教育、旅游、体育、科技、文化、农林牧渔、交通、公安、保险、食品药品监管等各个行业，只有对资源进行统筹协调、有效整合，才能突出教育主题，产生课程实施的教育效果。

二、《意见》对研学旅行工作提出了四项工作原则

1. 教育性原则

研学旅行要结合学生身心特点、接受能力，注重系统性、知识性、科学性和趣味性，为学生全面发展提供曲成长空间。

2. 实践性原则

研学旅行要因地制宜，呈现地域特色，引导学生走出校园，在与日常生活不同的环境中拓宽视野、丰富知识、了解社会、亲近自然、参与体验。

3. 安全性原则

研学旅行要坚持安全第一，建立安全保障机制，明确安全保障责任，落实安全保障措施，确保学生安全。

4. 公益性原则

研学旅行不得开展以营利为目的的经营性创收，对贫困家庭学生要减免费用。

《关于推进学生研学旅行的意见》所提出的关于研学旅行工作的四项基本要求和四项基本原则是研学旅行工作的总的依据和原则。研学旅行活动的筹备、组织与实施，必须遵照这些要求和原则进行。依据这些基本要求和基本原则，结合课程与教学的基本原理。

三、研学旅行课程的设计应遵循以下原则：

1. 教育性原则

研学旅行是综合实践活动的组成部分，本质上是教育活动，所以研学旅行课程设计必须首先体现课程的教育性。教育性原则的落实主要在课程目标的确定和课程内容的选择与呈现上。课程目标的确定必须依据国家课程标准关于综合实践活动标准与研学旅行相关的规定，要结合研学旅行的具体资源的性质来科学地确定。课程内容的选择要有明确的教育主题，内容的呈现要能够引领学生进行深度的思考和体验，研究问题或作业的设置应该能

够引领学生对学习、参观、游览、体验的旅行资源做更加系统和深入的分析和认识，对学生选定的研究课题提供相关的材料和思维启发有助于学生获得研究成果，或者有助于学生获得预期的情感体验和价值态度。

2. 安全性原则

课程设计要充分考虑课程的安全性，在景点线路的规划上要充分考虑景点资源的安全性，在研学手册中尽可能列出详细的注意事项，科学制订安全防范措施和应急预案，在行前课程中专门开设安全教育单元。课程的设计还要充分考虑学生的学段生理特点，旅行的运动量要设计在合理的范围，既要能够达到锻炼学生毅力的教学目标，也要注意不能超过学生所能够承受的合理限度。

3. 科学性原则

课程的科学性首先应该体现在要符合课程原理的基本规范。研学课程必须要有明确、具体、准确的课程目标，要有完善、合理、适切的课程内容，要有规范、有效、深刻的课程实施方案，要有科学、全面、多元的课程评价。

4. 综合性原则

研学旅行是一门多学科综合的跨学科课程。在课程设计时要充分挖掘旅行资源的学科课程属性，在研学实践中体验、巩固、深入理解学科知识，拓展学科知识的外延。

5. 模块化原则

课程设计要有总的研学主题。总的课程由若干模块组成，每一个景点就是一个课程模块，也就是一个课程单元。每一个模块或单元应该突出体现课程主题的一部分或几部分内涵，各个模块或单元组成完整的课程体系，表达课程的完整的教育主题。由景区或研学实践教育基地基于自己的资源打造的课程可以自成一个模块，但要结合周边区域的景区资源打造适合不同的旅行线路主题的模块表达形式，以便能够植入到不同的旅行线路中去。

6. 体验性原则

研学旅行是通过旅行体验达成课程教学目标，是多感官刺激，在场景化、情境化的教学场景中实施教学的特殊课程。课程的教学方式不是以传授为主，课程目标的达成以体验自主生成为主要途径。所以在课程设计时要考虑调动学生多种感官的综合运用，让学生通过对情境化知识的体验形成正向的情感和正确的态度与价值观。

7. 多元化原则

学校应同时安排多种主题或多种类型的研学旅行课程，给学生提供多元化的课程选择。既要考虑研学内容和研学主题的多元化，也要考虑学生不同的生理和经济承受能力。每一课程在模块设计安排时要考虑模块内容的多元化，模块的设置要能够多角度体现教育主题的完整性和丰富性。

8. 适切性原则

课程还要满足多时段适切，同一景点的旅行资源的课程表达要能够满足学生不同时长的学习要求，比如既可以满足半天行程的研学旅行，也可以满足一天或更长一点的时间的研学旅行。

第五章 研学旅行课程目标

第一节 研学旅行课程目标的特点

一、研学旅行课程目标的特点

研学旅行是一门行走中的课程，是没有教室、没有课本的课程。研学旅行的这些不同于普通学科的特点，也就决定了其课程目标不同于普通学科。

1. 研学旅行课程目标的综合性

基于跨学科综合课程的性质，研学旅行的课程目标必然是综合性的。

学生参加研学旅行首先要学习新知识，并通过对所学知识的综合应用形成能力，在旅行的过程中体验与感悟，在问题解决中拓展思维与方法，在体验、感悟、探究中培养对生命、对同伴、对自然、对家乡、对社会、对国家的情感，形成正确的人生观、价值观和世界观。

参照学生核心素养体系，研学旅行课程目标的综合性还体现在对研学旅行课程资源进行合理的规划和整合，体现核心素养指标体系中的全部 18 个基本要点。在课程设计时，每一个单元或模块要依据核心素养指标体系，结合课程内容的资源属性，科学设置课程目标。

2. 研学旅行课程目标的过程性

研学旅行作为一种体验式教育的旅游活动，几乎所有的课程教学目标都需要通过旅行过程才能达成。旅行过程是实现课程目标的途径和载体。作为课程目标实现途径和载体的旅行过程包括两个层面的过程：一是外显的过程，包括参观、游览、动手制作、观察、记录、合作交流等活动。学生会在这些活动过程中获得教学资源蕴含的知识，可以实现观察分析、资料收集、动手体验、表达交流、行为规范的外显的课程目标。二是内化的过程，包括探究资料的归纳与分析、游览参观过程中的思考与感悟、由教学资源激发出的情感态度与价值观。

3. 研学旅行课程目标的实践性

生活教育理论是研学旅行的理论基础。无论是杜威的"从做中学"，还是陶行知的"教学做合一"，用今天的话来说，他们在本质上都是提倡要学以致用、要理论联系实际，要在实践中学习、要向实践学习。研学旅行课程本身就是综合实践活动课程的组成部分，作为实践课程的研学旅行，其教学目标必须体现实践和探究的特征。知识目标要从旅行参观实践中获取，能力目标必须通过旅行实践中的探究与分析达成，情感态度与价值观目标也必须在实践探究和亲身体验中形成。

4. 研学旅行课程目标的发散性

研学旅行课程的课程目标包括两个层面，一是课程的总体目标，二是课程的具体目标。

研学旅行课程的总体目标由课程定位决定，总体目标决定了通过实施研学旅行课程，学生应该形成哪些方面的核心素养，应该具备哪些基本能力，应该形成什么样的价值取向，无论哪一种研学旅行，都必须围绕实现这些总体目标设计课程。

二、研学旅行课程目标的陈述与表达

1. 知识与技能目标

主要包括人类生存所必需的核心知识和学科基本知识；基本能力包括获取、收集、处理、运用信息的能力，创新精神和实践能力，终身学习的愿望和能力。

2. 过程与方法目标

主要包括人类生存所必需的过程与方法。"过程"是指应答性学习环境的交往、体验。"方法"包括基本的学习方式，例如自主学习、小组合作学习、发现式学习、探究式学习等。

3. 情感态度与价值观目标

"情感态度"包括学习兴趣、学习责任、乐观的生活态度、求实的科学态度和宽容的人生态度。"价值观"既强调个人的价值，更强调个人价值和社会价值的统一；既强调科学的价值，更强调科学的价值和人文价值的统一；既强调人类价值，更强调人类价值和自然价值的统一，从而使学生内心确立起对真善美的价值追求以及人与自然和谐和可持续发展的理念。

第二节　研学旅行课程的总体目标

一、研学旅行课程总目标的内涵

研学旅行的课程目标包括总体目标和具体目标两部分。研学旅行课程的总体目标是指所有的研学旅行课程都必须要达成的目标，无论研学旅行的线路有何差异，学习游览的资源属性有何区别，通过课程的实施，都必须达成这样的教育目标。

教育部颁布的《综合实践活动课程指导纲要》（以下简称《纲要》），明确规定了综合实践活动的课程目标，研学旅行是综合实践活动的重要组成部分，《纲要》对综合实践活动课程目标的规定，也是研学旅行课程目标的确定依据。关于综合实践活动课程目标，《纲要》指出："学生能从个体生活、社会生活及与大自然的接触中获得丰富的实践经验，形成并逐步提升对自然、社会和自我之间内在联系的整体认识，具有价值体认、责任担当、问题解决、创意物化等方面的意识和能力从两个文件的相关表述可以得知，研学旅行课程的总目标包括以下几个方面的内涵：

1. 研学旅行课程的根本目标是立德树人、培养人才。

2. 研学旅行课程要培养学生学习、生活、做人、做事的能力，培养研究问题、解决问题的能力。

3. 研学旅行课程要促进学生身心健康、体魄强健、意志坚强，形成健全的人格和坚强的品质。

4. 研学旅行课程要培养学生对国家的情感和文化、对历史和国家建设成就的认同，增强对"四个自信"的理解与认同。

5. 研学旅行课程要培养学生对自我、对他人、对社会和对自然的正确认知与态度，培养责任担当的意识。

6. 研学旅行课程要促进学生形成正确的世界观、人生观、价值观，培养他们成为德智体美全面发展的社会主义建设者和接班人。

二、研学旅行课程的学段总目标

《纲要》从价值体认、责任担当、问题解决、创意物化等方面明确了高职综合实践活动课程的学段目标，其中价值体认、责任担当、问题解决三个方面的目标都与研学旅行课程有关。

《纲要》中与研学旅行课程目标有关的具体表述为：

1. 价值体认

深化社会规则体验、国家认同、文化自信，初步体悟个人成长与职业选择、社会进步、国家发展和人类命运共同体的关系，增强根据自身兴趣专长进行生涯规划和职业选择的能力，强化对中国共产党的认识和感情，具有建设中国特色社会主义共同理想和国际视野。

2. 责任担当

关心他人、社区和社会发展，能持续地参与社区服务与社会实践活动，关注社区及社会存在的主要问题，热心参与志愿者活动和公益活动，增强社会责任意识和法治观念，形成主动服务他人、服务社会的意识，理解并践行社会公德，提高社会服务的能力。

3. 问题解决

在价值体认方面，要让学生形成正确的人生观、世界观和价值观，强化国家认同，坚定"四个自信"。在责任担当方面，重在培养学生的社会责任意识和法治观念，提高服务社会的能力。在问题解决方面，重点在于培养学生的探索实践能力，学会课题研究的科学规范，具备撰写规范的研究报告和其他成果表达形式的能力。

在进行研学旅行课程设计时，可以依据相关国家文件的具体要求，结合学生核心素养培养体系的有关指标，科学界定并规范陈述研学旅行课程各学段的总体目标。

第三节　研学旅行课程的具体目标

研学旅行课程的具体目标是指在具体的研学旅行课程中，依托学习游览资源的属性，通过学习可以达成的具体目标。研学旅行课程的具体目标根据具体学习资源的不同会有所区别。具体目标通常在单元或模块的课程表达中出现，在不同线路的课程中表现为课程主题的差异。

科学、准确、适切地制订研学旅行课程的具体目标，是研学旅行区别于观光旅行，能够取得课程教育效果的重要基础。要准确地制订研学旅行课程的具体目标，首先要准确界定学习游览资源的属性。

总的来看，研学旅行的学习游览资源具有五个方面的属性，即文化属性、自然属性、历史属性、科技属性和教育属性。一个单元或模块的学习资源，可以同时具备一个或多个属性，通常会有一个属性为该资源的主要属性。在不同主题的线路课程中，同一资源往往也需要体现或突出不同的属性。

一、依据资源的文化属性

有的景点或实践教育基地具有典型的文化属性，是传统文化或地域文化的典型代表。当把这样的学习游览资源作为课程内容呈现给学生时，应该达成的学习结果首先应该是对资源所承载的文化知识的认识或再认识，对资源所表现的文化理念的认同或甄别，以及对资源所传递的文化价值的传承或思辨。

二、依据资源的历史属性

一般来说，多数具有文化属性的学习资源也同时具有历史属性，而以历史属性为主要特征的学习资源，通常也都具有文化属性。但是二者之间还是有着明显的区别的，有的以文化属性为主，有的以历史属性为主。比如同样是博物馆，民俗博物馆就是以文化属性为主，而历史博物馆则以历史属性为主。同样是名人主题的景点，武侯祠展现给学习者的是诸葛亮所处的三国时期的历史画卷，以历史属性为主；而杜甫草堂则呈现给学习者的是唐诗和唐代诗人的艺术殿堂，以文化属性为主。

以历史属性为主的学习资源主要有各地的历史博物馆，例如中国历史博物馆、陕西历史博物馆等；还有重要历史人物、历史事件的纪念馆以及考古和文化文明遗址，例如台几庄大战纪念馆、西柏坡纪念馆、彭德怀纪念馆、林则徐纪念馆、圆明园遗址公园、城子崖遗址等。

具有历史属性的学习资源的课程目标，要依据资源的特点，主要设定为学习和拓展历史知识，学会用历史唯物主义的思维分析历史，在历史事件的情境学习中形成正确的价值观。

三、依据资源的自然属性

祖国的大好河山或秀美，或奇崛，或广袤，或雄壮，无数的风景名胜、无数的鬼斧神工，"江山如此多娇，引无数英雄竞折腰"。这些风景名胜都是具有自然属性的学习游览资源。

此类学习资源异常丰富，也是观光游的主要游览内容。在研学旅行课程中要特别注意区别于观光游，要突显课程目标的显著特征，要注意课程内容的呈现方式。

此类资源在课程目标的设置时，要主要突出感受与体验、欣赏与保护、考察与探究等过程与方法目标。

四、依据资源的科技属性

具有科技属性的学习游览资源是研学旅行区别于一般的观光旅游资源的一个重要类别。在观光旅行的线路景点中一般不会涉及这一类景点。

具有科技属性的学习资源类型也很多，例如各地的科技馆、专业研究所、工厂的生产车间、大学或研究机构的实验室、工业遗址公园、农业试验田等等。

在对以科技属性为主要特征的学习资源进行课程设计时，其教学目标的设置一般要从知识与原理、科技发展的历史与现状、学生生涯规划的职业知识储备、科学研究和应用的体验、培养学生的科学兴趣、激发学生的爱国情怀等方面着力。

五、依据资源的教育属性

所有的学习游览资源都具有教育属性，但有的学习游览资源是以教育性为主的，例如各类著名高等院校、各类爱国教育基地等。

这一类学习资源课程目标的设定主要以引导学生进行科学的生涯规划、培养理想信念、培育家国情怀、形成正确的人生观和价值观为主要目标。

在这一类学习资源课程目标的设定中，要特别注意课程目标的普适性和适切性。要考虑学生的具体情况，要贴近实际，避免空洞。

第六章　研学旅行课程实施

第一节　研学旅行课程目标制定

一、影响高职研学旅行课程目标制定的因素

1. 教师对研学旅行的认识

高职对研学旅行课程的研究主要开始于《意见》颁布后，教师对研学旅行内涵的认识在一定程度上影响了其目标制定是否能够合乎研学旅行课程的教育目的。教师对研学旅行的认识主要有以下两种：第一种，将研学旅行等同于春秋游，认为研学旅行就是让学生出去玩，亲近自然。第二种，研学旅行是让学生带着任务去旅行，学生参加研学需要完成研学手册。第一种认识容易让研学旅行失去教育意义，即"重游轻学"，第二种认识容易使研学旅行变成"把课堂搬到户外"，即"重学轻游"。教师对研学旅行的认识影响了其制定目标时的价值倾向。

2. 教师对研学旅行课程目标制定的态度

态度是指个体对某一对象所持的评价和行为倾向。态度是一种相对稳定的心理倾向，表现为积极的情感会趋向于接近该态度的对象，而消极的情感则趋向于逃避该态度的对象。因此，也可以说，态度是个人对他人或对事物的肯定或否定的内在反映倾向。教师对待研学旅行课程目标制定的态度，决定了其制定课程目标的行为。通过对收集到的高职各年级的研学旅行课程方案中课程目标的分析，发现各年级的研学旅行课程目标都存在着空洞的问题，甚至还出现了表述方式的雷同。

有什么样的态度，就会有什么样的行为，各年级负责研学旅行课程的教师对于课程目标制定的态度不积极，导致制定出的课程目标是空洞的，缺乏指导意义。而科学具体的研学旅行课程目标的缺失，会使得各班级在实施研学旅行课程时会缺乏针对性、比较随意，无法聚焦目标，其研学旅行课程的效果势必会受到影响。

3. 教师的课程设计能力

研学旅行课程是学校依据当地资源，结合学校的办学理念、课程体系，学生特点进行设计的一门（校本）课程。也有研究者认为研学旅行课程是国家课程的校本化实施，不是校本课程，这种理解是基于研学旅行是综合实践活动课程的有机组成部分，综合实践活动课程是国家课程。本研究采用校本课程的广义界定，即"学校所实施的全部课程，包含了

国家课程和地方课程经校本教研后的校本化实施，也包括了以学校为主体、自主开发实施的拓展型、探究性课程。"因此，研学旅行课程是校本课程。教师是校本课程开发的主体，教师的课程设计能力影响了制定的课程目标的质量。

二、优化高职研学旅行课程目标制定的策略

科学合理的研学旅行课程目标是研学旅行课程开展的前提和保障。那如何制定高职研学旅行课程目标呢？本文将针对研学旅行课程目标制定中存在的问题，结合其影响因素，运用课程目标理论，提出优化高职研学旅行课程目标制定的策略。

1. 教师要树立正确的高职研学旅行观

正确的思想观念是指引行动有效实现的指南，改变行动首先要解决观念问题，只有观念和意识正确，才有助于反思现实中存在的问题，进而针对性地解决问题。学校是研学旅行课程的设计、实施者、课程资源的整合者，负责规划学年研学计划，教师作为学校研学旅行课程设计的主体，参与制定研学旅行课程实施方案，教师对研学旅行的认识决定了研学旅行课程目标的价值取向。因此，制定科学合理的课程目标首先需要教师正确理解该课程，只有教师树立正确的高职研学旅行观，明确研学旅行的定位，加强教师对研学旅行内涵的理解，才能帮助教师制定出符合该课程理念或价值的课程目标。

2. 研学旅行课程目标制定中加强对学生的研究

"确定学习者需要的过程本质上是尊重学习者的个性、体现学习者意义的过程，一句话，是学习者自由选择的过程。"学生作为研学旅行的主体，是研学旅行课程的直接受益者，因此，教师制定研学旅行课程目标时必须充分考虑学生，尽可能满足学生的个性化需求。

3. 加强课程目标内容设计规范化

（1）课程目标内容设计

研学旅行课程目标内容可以从两方面进行设计。一方面，按照研学旅行目的地进行课程目标内容设计。研学旅行目标的确立受制于研学的主题，而研学旅行的主题又受制于研学旅行的目的地，研学旅行目的地的类型及其教育资源对确定研学旅行课程目标的内容具有重要影响作用。因此，应选择特点鲜明、蕴含丰富教育价值的研学目的地，根据研学主题确定研学旅行的总目标；再根据具体的研学地点资源条件，确定目标的内容。另一方面，按照"三维目标"来进行课程目标的内容设计。

①按照目的地进行课程目标内容设计

研学旅行课程区别于传统意义上的学科课程，它是一门实践课程，是一种行走中的课程。因此，制定课程目标时不能全部照搬学科课程的学理来构建，而应以研学地点和资源样态来构建。研学旅行目的地因各地资源的不同，其具体包含的类型也不同，但就从总体看上，研学旅行目的地包含了自然风景区、文化遗产地、工矿企业、青少年户外拓展营地

等。各学校研学旅行课程目标要根据研学旅行目的地的不同，结合目的地的自然风光、人文特色、科技力量，有针对性地设置目的地的研学旅行课程目标。

②按照"三维目标"进行课程目标内容设计

新课程改革提出了"知识与技能""过程与方法""情感态度与价值观"的三维目标。那"三维目标"是否适用于研学旅行课程呢？有人认为核心素养概念的提出后，"三维目标"落后了，应该提素养目标。正如前文所论述，研学旅行课程的基本目的是发展学生的素养，而素养的形成并非一日之功，不可能在一次课程中实现，只能在课程设计时指向核心素养的形成。素养的形成是以"三维目标"为基础的。因此，要将研学旅行课程目标细化分解、走向实施层面，"三维目标"仍然是一个重要的抓手和落脚点，但需要注意的是研学旅行课程作为一门活动课程，固然和学科课程中的"三维目标"有区别。制定研学旅行课程目标时，未必遵循学科课程中知识目标为重，其次是能力目标，最后才是情感目标的逻辑顺序。根据《意见》中规定的研学旅行教育目标，它更提倡的是学生的情感体验，因此制定研学旅行课程目标时，应该重视情感目标，其次是能力目标，知识目标应该在最后。

（2）课程目标具体化的路径

针对教师制定的课程目标空洞、形式化、缺乏指导意义，探讨如何使课程目标具体化显得尤为重要。课程目标具体化的路径有以下三种方式：第一，使用行为动词；第二，用活动形式来表述目标；第三，用操作性语言表述目标，就是行为目标表述里所需要的三个条件。

第二节　研学旅行课程开发的模式

一、高职研学旅行课程实施的主要模式

从国外高职研学旅行相关文献资料来看，目前国外主要有以下高职研学旅行课程实施模式：自然教育模式、生活体验模式、文化考察模式、交换学习模式。

（一）自然教育模式研学旅行中重要的一种旅行资源就是自然环境

卢梭认为，每个人都是由自然的教育、事物的教育、人为的教育三者培养起来的，其中自然的教育受之于自然，遵循自然，它不断地锻炼孩子，用各种各样的考验来磨砺他们的性情。也可以说，自然本身就是每个人的老师，学生在室外受到自然给他的锻炼，可以训练他们体格和性情，陶冶他们的审美和情操等。在国外，自然教育模式的研学旅行指的是为了培养和发展学生更好的关键技能、知识和个人素质，由校方或民间机构开展的野外教育探险、自然历史古迹游学、自然中的动植物观察和景观观赏等活动所组成的学生旅行课程形式。该模式主张开放式教育，看重环境育人的效用。美国、日本、俄罗斯、马来西

亚等许多国家将开展自然教育研学旅行作为校外教育的重要部分。在马来西亚，为了让学生了解、熟悉和收集有关森林保护的经验，养成森林保护意识，于是形成教育、旅游和森林保护三位一体的基于森林旅行的自然教育模式。

（二）生活体验模式研学旅行是促进书本知识和生活经验深度融合的一种重要方式

杜威认为，教育就是学生生活的过程，倡导从生活中学习、从经验中学习，从做中学，使学校里获得的知识在生活体验中更加生动立体，并施加给学生本身更加持久的文化意义的影响。在国外，生活体验模式的研学旅行指的是为了满足学生学会动手动脑、学会生存生活的需要，由开发者整合旅游基地的现有材料，使学生能直接接触社会生活环境，从而为学生创造整体的、特别的生活教育体验的学生旅行课程形式。

（三）文化考察模式

有国外学者认为，旅行使人们离开常居地到往不同的地方去接触、了解相对陌生的一种或多种文化，研学旅行是了解不同文化的最佳途径。文化是人们在社会历史发展过程所创造的物质和精神财富的总和，物质文化是可见的显性文化，精神文化是不可见的隐形文化。随着全球化的发展，跨文化交际已经或将要成为生活中不可缺少的部分，培养学生的跨文化意识、跨文化理解力以及跨文化交际能力离不开文化教育。对学生而言，文化考察模式的研学旅行正是一种合适的文化教育形式，从中让学生接触到他们平常可能并不会访问的地方和事物，在短期停留、考察中增长对各类文化的认识以提升文化理解力、包容力以及交际能力。该模式主张多元文化的交互教育，在日本、美国、韩国等国家，无论是历史、语言、地理、风土人情、饮食、生活和职业特色还是传统习俗、文学艺术、价值观念等，都可以成为文化考察旅行的课题，着力拓宽学生的视野。

（四）交换学习模式

最初，跨国家、跨地域、跨学校实现交换学习一般是高等教育阶段内的一种教育方式，而如今，交换学习不再是高等学校学生的"特权"，交换学习模式的教育旅行被认为是向全球学生提供最佳教育的一种方式，在基础教育阶段也逐步得到重视与发展。交换学习模式的研学旅行使学生实现城市互访和学校交流，利于建立跨地域、跨国籍的文化了解渠道以增进地区间语言、自然、人文沟通和学术交流，学生在其中得到多方面的综合体验。该模式的内涵表现为基于城市互访或学校交流项目，学生离开现在的教育地，前往另一个教育地进行游学，是研学旅行的一种表现主题。在日本等国家，交换学习模式具有良好的社会基础，可以通过目的地旅游部门安排与当地学校或社会等进行全面交流、合作与互动，实现综合性的研究性学习，符合了许多高职生尤其是高年级学生的需求。

二、高职研学旅行活动课程开发

课程开发是一个系统工程，本研究以泰勒的课程与教学的基本原理为依据，从研学旅行活动课程的课程目标、课程内容、课程实施和课程评价四个方面进行高职研学旅行活动课程的开发。

（一）研学旅行活动课程开发原则

研学旅行活动课程是基础教育课程体系中综合实践活动课程的重要组成部分，由各学校根据相关规定及本校实际情况自主开发和组织实施，其课程开发的基本原则是：

一是公益性原则。研学旅行活动课程坚持公益为前提，所需部分费用由本人承担，经当地有关物价部门核对后，收取基本费用，对特困生采取减免政策，不允许出现以营利为目的的收财敛财行为。

二是普及性原则。研学旅行活动课程作为综合实践活动课程的组成部分，坚持以生为本，面向全体学生，促进学生的全面发展，保证每位学生都有参与研学旅行的机会。

三是教育性原则。研学旅行活动课程是结合学生的身心发展特点、理解接受能力和实际需要进行开发的，既强调知识与科学性，又不乏趣味性，为培养富有实践能力、勇于创新、独具个性的人才提供良好的发展空间。

四是实践性原则。研学旅行活动课程是带领学生"走出去""研起来""学进去"的课程，突出强调学生的实践能力，通过与真实的自然场景接触，观摩体验实践活动，而不断拓宽视野、提高创新与实践能力，增强对祖国的热爱之情。

（二）高职研学旅行活动课程目标

1. 课程目标来源

首先，课程目标最重要的来源是前文所述的泰勒课程与教学的基本原理的"三个来源、两把筛子"；其次，杜威的"教育即生活"也为目标的制定提供了生活基底，启示教育工作者在制定目标时，关注学生当下的生活经验，注重生活经验的培养；再次，马卡连柯的"集体主义教育"同样为课程目标的制定指明了方向，集体是学生研学旅行活动课程的"家"，集体意识、集体观念、团队精神等是课程目标的必要元素；最后，我们依据实际情况进行的调查，也为课程目标制定提供了强有力的支撑，从上文的调查结果可以看出，多数教师会在课程实施前提出相应目标，但目标多片面零散，且多出于教师的个人判断，缺少相关理论的支撑。基于以上，本研究结合综合实践活动课程的课程目标要求进行了高职研学旅行活动课程目标的制定。

2. 课程目标的确立

（1）总体目标

学生在研究、学习、旅行的过程中收获丰富的实践经验，领略祖国大好河山，感悟中华传统美德，温习革命光荣历史，感受改革开放伟大成就等。在知识、能力与方法、情感态度价值观等方面，培养意识并提高能力。

（2）具体目标

1）知识目标

①掌握日常生活中的行为规范和文明礼仪，理解纪律、规则对保障个人权利和维护公共生活的意义。②初步了解生产加工、经营消费与人们生活的关系，体会科技对生活和生产的重要影响。③理解并掌握实践活动中蕴含的跨学科知识，提炼实践中生成性的知识。④掌握活动策划、活动实施、活动总结等知识。

2）能力与方法目标

①养成健康、环保的生活和旅行习惯。②学会清晰地表达自我，倾听他人的见解，体会他人的感受，与他人和平相处、交流，融于集体，形成良好的自我认知、团队管理、人际交往能力。③善于发现并提出问题，能够选择创造性的方法解决问题。④审时度势，能够随机应变调整计划，拥有搜集和处理信息的能力和方法。

3）情感态度价值观目标

①乐于动手动脑，能够自理生活，学会做人做事。②身心健康，养成热爱集体、团结协作、意志坚强的品质。③形成解决问题的高效率和高质量意识。④热爱祖国大好山河，传承中华民族传统美德，紧跟改革开放步伐，与时俱进，成为一名文明的旅行者。

（三）高职研学旅行活动课程内容

1. 课程内容选择原则

（1）适应性原则

研学旅行活动课程的内容选择要符合学生的身心发展特点。考虑学生的知识基础、接受能力、理解能力等，将知识和趣味有机结合起来，为学生发展提供适宜的载体。

（2）特色性原则

研学旅行活动课程的内容应以地方特色为主。开发具有地方特色的内容，建立活动基地，通过具有地方特色的课程内容激发学生对家乡的热爱之情，了解家乡的文化与历史，发挥课程对优秀文化的传承功能。

（3）教育与实践相结合原则

研学旅行活动课程的内容既具有教育性，又具有实践性。研学旅行活动课程是综合实践活动课程的重要组成部分，区别于其他课程的重要特点就是具有实践性，真正让学生走出课堂，走进生活。因此，课程内容的选择也必须重点考虑实践性，选择能够让学生动起来、学起来的内容。

2. 课程内容来源

《11部门意见》中指出，高职阶段建立以乡土乡情为主的课程体系。各高职应根据自己学校的情况，依据所在市的特点，选择恰当的研学旅行活动内容。课程应以本地区的历史、现状和未来发展为载体，开发突出本土地方特色的校本内容，同时适当拓宽开发范围，本着"以生为本、发展学生、共创未来"的理念，面向其他省市县开展研学旅行活动课程，将"研""学""旅"有机结合。

3. 课程内容的确定

通过研究"自然主义教育""教育即生活""集体主义教育"等教育理论，参考相关文献资料，以研学旅行相关政策文件为依据，本研究将研学旅行活动课程的内容进行了总结。参照《11 部门意见》将研学旅行活动课程内容划分为以下五方面：

（1）自然参观类

主要从参观游览自然风光，研讨自然物象，感受自然规律，领略祖国的大好河山等角度提出的主题。如岩石研究、风向研究、环境保护、动物保护、天文研究、农作物研究等相关主题。

（2）历史人文类

主要是从历史文化和人类文明角度提出的主题。如革命基地研究、历史遗迹研究、乡土文化研究、民俗研究、民间技艺研究、传统美德研究、名人文化研究、文学传统研究等相关主题。

（3）地理建筑类

主要是从建筑及地理特点等相关方面提出的主题。如古代木质建筑研究、窑洞建筑的地理位置选择研究、古代建筑结构研究、地形地势对建筑物的影响研究、建筑选材与气候关系的研究等相关主题。

（4）科技研究类

主要是从科技发展、改革创新、数字网络、技术创新等角度提出的主题。如基因与克隆研究、乐高研究、计算机编程技术研究、7D 技术研究、机器人研究等相关主题。

（5）体验模拟类

主要是现场模拟体验相关的活动。如企业生产体验、营销模拟、艺术（绘画、音乐、戏剧等）体验、高校生活体验、常见职业体验等相关主题。

（四）高职研学旅行活动课程实施

学校是研学旅行活动课程的实施主体，从调查结果我们可以看出，课程实施现状并不乐观，因此，各高职应重视起研学旅行活动课程的实施部分。课程实施包括三个阶段，分别是课程实施前，课程实施中和课程实施后，制定完善的实施计划，是顺利实施的基础。

1. 课程实施前

（1）研学部门

研学旅行活动课程应有专门的部门负责，学校成立以校长或副校长为组长，教务处、教导处等管理部门相关主任、各年级负责人等为组员的领导小组，统筹规划各年级、各学科教师的研学任务，内部划分课程调查组、课程实践组、课程评价组等，整体制定研学旅行活动课程的总方案、学期方案及课时实施计划。

（2）实施时间及方式

适宜的实施时间及方式是实施好课程的基础，因此，笔者认为应视情况增加实施的次数、延长实施的时间、创新实施的方式。研学旅行活动课程的组织形式可以包含研讨类课程、体验类课程、专家讲座课程、写作指导类课程以及成果展示类课程，其中研讨类课程和专家讲座课程可以作为研学旅行活动课前期进行筹备策划的基础课程，师、生、家长及相关领域专家共同研究探讨本次研学旅行活动课程的主题、形式，并制作策划书、筹备活动用具等；体验类课程可以看作开展活动的课程，是真正的"走出去"，进行"研""学""旅"的课程。写作指导课和成果展示课可以看作研学后进行感悟总结的课程，用于学生情感的抒发以及学习效果的升华。

（3）课程准备阶段

这个阶段，要做好活动基地考察、课程方案申报、选择旅游机构、确定课程路线、制作研学资料、分配活动人员、征集家长志愿者、筹集活动资金以及教育学生等工作。本阶段的任务复杂琐碎，最重要的是以下三点：

一是学生教育。任何课程的出发点都是学生，保证学生的安全是重中之重，安全最好的保护伞是纪律。制作好安全手册，先对全体教师进行细致全面的培训，保证每位教师对活动流程、安全隐患、紧急情况应对策略都了如指掌，在课前一至两天内由各班班主任对学生进行培训，班内划分好活动小组，并选举大组长、小组长，安排好活动分工，一切按手册纪律执行，以确保每位学生的安全。

二是单次课程目标的制定。课程目标是课程的方向，确定课程目标是其他准备工作的基础。这里的课程目标指的是单次研学课的目标，制定了目标，准备工作才能够依照目标有序进行，实施才有了努力的方向，评价才有了参照的标准，因此，准备阶段的目标制定是极其重要的内容。

三是人员和任务的分配。秩序井然的工作分配，才能带来良好的课程，物尽其用，人尽其力，各司其职，人人有事做，事事有人做，即使参与的人再多，也不怕忙乱，这是活动成功举办的关键，也是课程顺利进行的关键。如果人员分配不合理就会造成极大的危害，就拿整队来说，如果某个班的体委和各小组长不按时点整队，就会导致这个班级不能按时上旅游车，这一个旅游车没有集合完毕，就会导致整个车队没法按时出发，导致整个计划向后推延，最终导致严重后果。

2. 课程实施中

课程实施过程是研学旅行活动课程最重要的阶段，是把所有的计划付诸行动的阶段。大体上可以分为集合乘车、活动实施和宿餐安排三方面。

第一，集合乘车。集合乘车包括车辆的分配问题、车辆及学生教师的集合时间、车辆往返于目的地与学校过程中的活动、研学活动中车辆的停靠问题、车内座位临时调配问题、乘车的秩序要求等。这部分在准备阶段已经计划好，在本阶段按计划实施。

第二，研学课程的活动进行。这部分是学生增长见识、学习领悟的阶段。此阶段学生根据研学手册的要求，观察欣赏活动目的地、倾听相关人员对活动目的地的介绍、参与生产或加工活动、参与相关的体验活动等。以上内容在准备阶段已经规划完毕，在这个过程中按计划开展活动。

第三，宿餐安排。宿餐安排同样是研学旅行活动课程中安全管理的重要组成部分，这部分包括用餐时间、餐饮来源、用餐顺序、住宿宾馆选择、住宿人员房间人数安排、住宿纪律规定等。这部分在课程前期准备阶段已经规划好，在活动中按计划进行。由于颐和园研学旅行活动是开展一天的研学，因此不存在住宿问题，每位学生及教师在出行前已经按培训要求，备好了苹果、面包、卤蛋、火腿肠、小饼干、矿泉水、小零食、湿纸巾、面巾纸等，并且打包了路餐。

3. 课程实施后

课程实施后是总结阶段，是学生对课后的感悟、收获、体验进行梳理总结的过程。此阶段，教师鼓励学生选择多种形式呈现总结成果，书面呈现如写日志、心得体会、活动报告，展示形式如情景剧、摄影、绘画、唱歌等。在总结过程中，教师要指导学生学习日志、心得体会以及活动报告的规范格式。

（五）高职研学旅行活动课程评价

依据泰勒的课程与教学的基本原理可知，课程评价可以表述为课程和教学计划在多大程度上实现了教育目标。因此，高职研学旅行活动课程的评价应考虑到两方面的内容，一是考查学生的行为改变，因为课程的本质是使学生的行为发生变化；二是评估学生的行为发生了多大的变化。

1. 课程评价的主体

实现课程评价主体多元化，是客观全面评价学生的重要途径。高职研学旅行活动课程的参与者包括学生、教师、校领导、家长志愿者、导游、医护等，不同的人看同一件事有不同的角度，所以从同一场研学旅行活动中也会有不同的评价结论，有参与就有发言权。因此，上述人员都可以作为课程的评价者。综合多个评价主体意见得到的评价才具有客观公正性，但不可否认的是，学生、教师和校领导是主要的课程评价者。

2. 课程评价的内容

由课程评价的定义我们可以知道，课程被评价对象是学生，而课程目标又是指向学生制定的，因此，本研究针对学生制定课程评价的内容。依据课程目标确定的评价内容如下：

在考查学生行为规范和文明礼仪的掌握情况，理解纪律、规则的程度以及相关知识对个人生存、社会发展的意义。考查学生对生产加工知识、经营消费知识的理解掌握程度，重点考查学生对科技知识在人们生活中运用的体会。考查学生对蕴含在实践活动中的跨学科知识的掌握程度，重点考查学生对学科知识的运用。对学生知识的考察，还应包括活动策划、活动实施、活动总结等方面。能力与方法方面考查学生健康、环保的生活和旅行习惯的养成情况。考查学生能否清晰的表达自我，倾听他人的见解，体会他人的感受。考查学生在与他人交往时，能否做到和平相处、交流。考查学生在集体中，形成自我认知、团结协作、团队管理、人际交往等能力的情况。考查学生是否形成"发现并提出问题，选择创造性的方法解决问题"的能力，重点考查学生这种能力有了多大程度的发展。考查学生审时度势，随机应变调整计划的能力是否有所提升，在搜集和处理信息的能力和方法方面有无改善。考查学生身心健康状况，是否养成了热爱集体、团结协作、意志坚强的品质。考查学生是否养成了解决问题的高效率和高质量意识。考查学生对祖国大好山河的热爱程度，对中华民族传统美德的发扬精神等，是否成为一名自觉文明的旅行者。

3. 课程评价的方式方法

课程评价方式方法多样，其中，评价方式包括过程性评价与终结性评价、定性与定量评价、自评、互评、师评、家长评价、专家评价等，评价方法包括纸笔测验法、档案袋法、调查法、苏格拉底式研讨评定法、观察评价法等。评价者应依据每次研学旅行活动课程的组织形式，选择合适的评价方式、方法。

（1）苏格拉底式研讨评定法

苏格拉底式研讨评定法是指在实践活动中，教师引导学生参与讨论，针对学生参与的表现进行评价，从而促进学生独立思考和勇于质疑的评价方法。

研学旅行活动课程是一门实践类课程，它更强调学生实践能力和精神境界的提升，苏格拉底式研讨评定法正是在学生参与和实践的过程中进行的，通过对话的形式，教师不断地引出问题，刺激学生自主寻求解决方法，在这一过程中，学生和教师的能力均得到提升。例如，师生走到颐和园的长廊时，教师便可以发问了，长廊的横槛上是什么？都有哪些画？这些画有什么来源寓意吗？为什么把画画在横槛上？如果是你，你会怎么安排这些画？……在质疑中记录学生的反应，评价学生的改变。

（2）纸笔测验法

所谓纸笔测验法就是通过书面呈现题目，学生进行笔答，最终根据答题正确率给出分数的评价方法。

本次研学旅行活动课制作了研学手册，这个手册中包含着许多有关颐和园的题目，其中既有主观题又有客观题，课前就已经通知了所有学生这个任务，要求在研学活动过程中完成这些项目。这一活动的设计共包含两个意图，其一是让学生带着问题去"研学"，学生的注意力更为集中，方向更为明确；其二，可作为学生研学收获的一个评价凭证，利于学生自己和教师对其研学效果进行评价。

（3）档案袋法

档案袋法其实已经很常见，教师将学生有代表性的作品收录在档案袋里，用来评价学生的表现。

研学旅行活动课程是实践性较强的课程，学生动手、动眼、动耳、动口、动脑，调动学生的所有感官，参与到课程实践中来，正因如此，学生在进行汇报总结时，经常采用表演、绘画、情景剧等形式，这些均可以以影像资料的形式收进档案袋。

（4）观察评价法

观察评价法是指教师通过在实践活动中观察学生的表现，对学生的行为表现做出评价的方式。

研学旅行活动课程是将学生带出去的课程，因此，教师可以通过观察而非询问的方式对学生的行为表现做出评价。如颐和园研学旅行中，学生对待同学及其他游客的态度、对待花草以及建筑物的行为等都可以作为评价的参考。

（5）调查法

调查法包括问卷调查和访谈，在研学旅行活动课程评价中，经常使用的是访谈。

在本次颐和园研学旅行活动课中，由于每位教师所负责的学生过多，没办法观察到每位学生的表现，这时教师可以通过对其他学生的访谈，了解某位学生的行为表现，从而对其在研学中的表现进行评价。

对研学旅行活动课程的评价不仅仅局限于以上几种方法，教师要注重形成性评价和终结性评价相结合，评价是贯穿于课程整个过程中的，在对学生进行评价时，选择合适的评价方式和评价方法，争取做到细致入微、全面客观。

第三节　研学旅行活动课程结构

一、高职研学旅行课程建构

高职研学旅行课程建设离不开对研学旅行课程要素的建构和探讨。研学旅行作为一门实践性、生活性、经验性的课程，具有区别于学科课程的特殊性。这种特殊性首先是体现在课程理念和课程目标上。高职研学旅行课程理念突出学生主体、面向学生生活、扎根文化、注重体验和实践的理念，在课程目标上，立足于社会主义核心价值观培育和立德树人体系建设，旨在增进学生的文化自信、对国情、市情、乡情的了解和认识，培养学生的文化自豪感和爱国主义情怀，培养学生的认知能力、合作能力、创新能力和实践能力，形成"四种感受，三个学会"，促进学校教育、家庭教育和社会教育的良性互动。在课程内容和课程资源选择上，以学生生活世界、自然和社会作为对象，在课程模块上可以分为自然探究、社会考察、科技体验、文化体认和生存实践等类型。

通过上述讨论，笔者认为研学旅行的课程理念与目标（Thought）、研学主题（Topic）、研学路线（Tour）、研学任务（Task）、研学课程团队（Teani）（简称"5T"）是高职研学旅行课程的基本要素，是研学旅行课程科学化、常态化、规范化实施的必要条件，也是研学旅行课程建设的重点。本章重点对高职研学旅行课程建设的"5T"进行理论探讨和建构。

（一）Thought：课程理念与目标

1. 研学旅行课程的理念

理解研学旅行的基本理念是进行课程建设的基础。研学旅行课程理念建设问题也是价值追寻和学校课程哲学的建立问题。学校在进行研学旅行课程理念构建中要关注以下几个问题：研学旅行课程是什么？研学旅行的价值是什么？问题的探寻过程就是学校课程哲学的追寻和建立过程。研学旅行课程的基本规定性体现了其基本理念。研学旅行课程的基本理念体现在以下几个方面：

（1）突出学生主体地位

学生是研学旅行课程的主体。研学旅行作为一门综合性、实践性的课程，它的开展离不开学生主体参与实践和体验，学生是研学旅行课程的直接参与者和创造者。学生是研学旅行课程的主体，一方面是指学生是课程的直接参与和实施者，另一方面是指发挥学生在课程实施中的主动性，学生创造着课程。郭元祥教授认为课程本身具有"过程"和"发展"的含义，学生只有与课程发生对话，才能发生素质的变化和发展，才能引起学生反思现实的生活方式，因此学生是课程的主体。

（2）体验性的研究性学习

研学旅行课程的开展以学生的体验和实践为基础。注重学生的体验和实践，在课程中进行体验性的研究性学习是研学旅行区别于其他学科课程的根本特点。

丰富学生的体验，增进学生的阅历是研学旅行的基本目标。研学旅行依托旅行这种方式，让学生在真实的情境中去进行体验性的研究性学习。在这种真实的情境之中，学生去体验、去经历，丰富了自身的阅历，开阔了视野，打破了学校教育的局限，在情境体验和认识中进行知识的建构，经验的习得，并基于对环境体验的认知，激发探究的热情，对自己感兴趣的问题展开研究和探索，将体验与研究性学习相统一。

（3）沟通学校课程与生活世界

研学旅行作为学校教育和校外教育衔接的重要形式，在教学形式、内容和空间上实现了对学校教育的有效补充和拓展。研学旅行使学生真正走出校门，将学习的空间拓展到校外广阔的天地中来。将大自然、场馆和社会作为课堂，以自然万物和生活世界作为教材和学习的对象，真正实现了学校教育与校外教育的有效衔接。

（4）立足实践育人

研学旅行是实施素质教育的重要途径，也是促进学生道德养成、培养和践行社会主义核心价值观、发展学生创新能力的重要载体。《意见》中指出"研学旅行是综合实践育人的有效途径。开展研学旅行，有利于促进学生培育和践行社会主义核心价值观，激发学生对党、对国家、对人民的热爱之情；有利于推动全面实施素质教育，创新人才培养模式，引导学生主动适应社会，促进书本知识和生活经验的深度融合；有利于加快提高人民生活质量，满足学生日益增长的旅游需求，从小培养学生文明旅游意识，养成文明旅游行为习惯"。因此，在开展研学旅行是要立足于实践育人这一根本出发点，发挥研学旅行的实践育人功能，在增进学生对祖国山河和生活世界的了解和认识的同时，促进学生价值观、人生观和世界观的形成。

2. 研学旅行课程的主要目标

课程目标是课程建设和实施的出发点和最终归宿，也是确定课程内容、选择课程实施方法、检验课程实施效果的根本依据。"如果脱离教育目的、没有合理的课程实践目的，则开设的那些课程就可能缺乏内在的整体性、连贯性，而显得零碎、杂乱，就可能影响人才培养的质量"。因此，研学旅行课程目标是研学旅行课程建设的重要问题。

"四种感受，三个学会"是研学旅行意见中提出的核心目标。四种感受——对祖国大好河山的自豪感，对中国传统文化和美德的亲近感，对革命光荣传统的崇敬感，对改革开放伟大成就的认同感。三个学会——学会动手动脑，学会生存生活，学会做人做事。目标具体来说就是让高职生通过研学旅行感受祖国大好山河，增进对国情、市情、乡情的了解和认识，激发学生对党、对国家和人民的热爱之情；引导学生关注生活世界，增进学生对生活世界的理解和认识，关注生态、关注生活世界、关注人我关系，学会动脑动手，学会生存生活，学会做人做事，引导学生主动适应社会，促进书本知识和生活经验的深度融合；开阔学生眼界，弘扬传统文化，坚持立德树人，促进学生身心健康发展，形成正确的世界观、人生观和价值观，从小培养学生文明旅游意识，养成文明旅游行为习惯。

高职研学旅行课程目标的类型可以分为三个维度：认知目标、情感目标、能力目标。认知目标是指通过研学旅行活动学生认知和经验方面所期待达到的质量规格或标准，如经验的增加、知识的增长、阅历的丰富、对事物及生活世界的理解和认识。情感目标是指通过研学旅行学生对事物的主观情感和由价值评判带来的主观情感体验，主要包括思想意识和个性品质等类型。思想意识主要包括情感体验和价值认同，如对祖国山河的热爱、对传统文化的认同和自豪感等，环保意识、生态意识、人本意识、社会责任感、合作意识等。

3. 研学旅行目标的制订依据

研学旅行的课程目标问题，实质上是课程实施中的价值判断与价值选择问题。学校为什么要开设研学旅行课程？研学旅行课程对学校人才培养模式的意义何在？对学生的发展意味着什么？研学旅行课程是最能体现校本化理念的一门课程，研学旅行课程也只有在学校层面落地生根，才能够真正实现研学旅行的教育价值。研学旅行课程目标制定的依据包括研学旅行课程本身的理念和性质、学校的育人理念及课程发展需求、学生的发展需求、社会和科技发展趋势。

（二）Topic：主题选择与确定

研学旅行以主题活动为主要实施方式，研学旅行的实施和开展围绕主题而展开。主题引导着研学旅行课程实施的方向，决定着研学旅行课程开展的方式与重点。研学旅行课程开展的效果及对学生的发展价值，如何开展很大程度上取决于学校对研学旅行活动主题的选择、设计与规划，这对学校的课程开发和主题设计能力提出了较高的要求。

1. 研学旅行主题的维度

研学旅行作为一门综合性、实践性和生活化、开放性的课程，课程涉及的内容和领域是丰富多彩的。这些内容领域在维度上可以分为"自然""社会""文化""自我"四个维度，研学旅行课程内容的组织、主题的确定基本可以围绕这四个维度进行，立足于"四个感受，三个学会"（感受祖国大好河山，感受中华传统美德，感受革命光荣历史，感受改革开放伟大成就；学会动手动脑，学会生存生活，学会做人做事）来选择和设计研学旅行活动主题，从了解生活世界、提升综合能力、增强文化底蕴、培养社会生存能力四个方面展开，确保研学旅行课程主题的丰富性和教育性。

了解生活世界维度是从人与生活世界的关联性角度出发来选择和确定研学活动主题。研学旅行以旅行作为载体和基本方式，让学生走出校门，将社会、大自然和生活作为学习的场所，以增进对生活世界的理解和认识为主要目标之一。这一维度关注的核心是增进对于自然世界的了解，对当代社会及社会现象的认识，对生存环境的关注。在确定这一类研学旅行主题时，可以结合当地的资源和特征，通过实地考察、参观、实际参与、主题探究等形式引导学生关注生活世界，在亲身体验和参观中增进对生活世界的认识和理解，提高社会责任感。

提升综合能力维度是从实践的育人价值教育出发来选择和确定研学活动主题。依托研学旅行的真实情境和丰富的资源，引导学生在真实的情境中锻炼多方面的能力。研学旅行活动情境具有复杂性、真实性、综合性、多变性等特点，这也为培育和锻炼学生多方面的能力提供了契机。

增强文化底蕴维度是从感受中华传统文化和美德，感受革命光荣历史的角度出发来选择和设计研学活动主题。从这一维度出发确定研学旅行活动主题时可以结合当地的爱国主义教育基地、文化历史古迹、革命纪念馆、人文物质和非物质遗产等方面出发，来挖掘研学旅行主题切入的角度。通过实地参观、考察探究、情感熏陶、实际参与等方式来增强学生对传统文化的自豪感和文化自信，培养爱国主义精神。

培养社会生存能力维度是从发展学生的独立自主能力，锻炼生活技能的角度出发来选择和设计研学活动主题。当前学生大多是独生子女，父母对孩子无微不至的照料和关爱在一定程度上也造成了学生生存技能的匮乏，四肢不勤，五谷不分，缺乏独立生存能力。

2. 研学旅行确定主题的来源

研学旅行主题的来源主要有学校传统活动、学校周边可利用教育资源、学生兴趣爱好三个方面。

研学旅行活动主题的设计不能孤立于学校传统活动之外，与学校其他活动相脱离，会增加教师和学生的活动负担，造成学生研学旅行活动的低效、表面与肤浅，在实施的过程中也会有很多的困难。学校在以往活动开展的过程中积攒了活动开展的经验，比如：春游、秋游、夏令营、冬令营、共青团团队活动等，研学旅行课程与这些课程之间并不是独立存在的，具有一定的继承性和发展性。以研学旅行课程的理念对这些学校的传统活动和德育活动进行发展和整合，以此为契机来生成研学旅行主题。

学校在进行研学旅行主题设计时要对学校周边可利用的教育资源进行挖掘，结合学校周边的人文环境、自然环境、地域特色、场馆设置、可利用的人力物力资源进行统筹考虑，设计和确定研学旅行主题。

3. 研学旅行主题设计的原则

研学旅行活动主题在设计时要遵循以下基本原则：符合学生兴趣的原则、可行性原则、体验性和教育性原则。

符合学生兴趣原则是指在进行研学旅行主题设计时要充分考虑学生的兴趣爱好。"将兴趣作为课程教学的目标和评价的标准，而且从学生兴趣需要出发选择、组织课程教材内容"。

可行性原则是指在进行研学旅行课题选择和确定时要对主题开展的可行性进行充分考虑和论证。地方资源、学校安排、学生需求、经济情况均会影响研学旅行主题实施的可能性。即学校能够利用的校外资源是否能够满足研学旅行活动开展所需的资源条件？学校的教学计划、师资安排能否为研学旅行活动实施提供充足的时间和保障条件？活动主题能否满足学生的发展需求？主题开展所需的经费预算等问题，需要在活动中设计和活动方案制订过程中充分考虑和论证。

体验性和教育性原则是指研学旅行主题要满足丰富学生经验和体验，对学生具有丰富的教育意义。

(三) Tour：路线设计与规划

1. 研学旅行路线选择与设计的价值探讨

研学旅行路线的选择与设计问题实质上是资源选择和规划问题，即选择哪些教育资源来达成研学旅行课程目标。没有以科学规划路线为基础的研学旅行将是"无米之炊"，"无木之源"，达不到应有的目标。

课程专家多尔认为"课程资源开发的实质就是探寻一切有可能进入课程、并能够与教育教学互动联系起来的资源"。从这个意义上来看，研学旅行课程资源的开发就是寻找研学目的地中能够与学校课程发生联系，能够转化为课程活动、课程内容的素材，以及能够达到研学旅行课程目标所需的各种物力、人力资源条件。

2. 研学旅行课程资源

研学旅行路线选择与设计中需要对学校及周边的课程资源进行考察和整合。学校周边的研学旅行课程资源是丰富多样的，按照课程资源存在的形态及载体可以分为：实物资源、图文资源、环境资源、人力资源、信息技术资源。按照研学目的地本身的性质可以分为："院、馆、所"、历史文化名胜、自然农耕、爱国主义教育基地、大学工厂及其他。每一类研学旅行资源具有不同的教育价值，如王牧华、付积认为场馆资源场馆自身具有丰富的资源，能够为学生提供直观的学习机会，为研学旅行课程开发提供丰富的课程资源，为研学旅行课程实施和开展提供良好的环境和物质支持，能够沟通校内和校外教育，提升学生综合素质创建良好的平台。

3. 研学旅行路线设计的原则

研学旅行路线设计与规划时要综合考虑相关影响因素，研学旅行设计与规划要遵循以下几个原则：整合性原则、经济性与便利性原则、生活性原则、安全性原则。

整合性原则是指要充分利用校内外资源，实现研学内容的广泛性，时间和空间上的广域性，充分对研学旅行可选目的地进行考察，并依据研学旅行备选目的地资源的丰富性程度及性质对研学目的地路线进行整合。一是以研学目的地为依托，以学生需求和研学主题为引导，以教学方法和师资情况为动力，实现对研学目的地相关人力和物力资源的充分整合和利用。二是以研学主题为线索，实现同类型教育资源的有序整合和利用。

经济性与便利性原则是指要充分考虑研学旅行的费用与开支，照顾到不同经济家庭背景，特别是家庭经济困难家庭学生的需求。要充分利用本地区的研学旅行资源，合理进行规划和利用，避免学生的长时间交通奔波，在路线规划上尽量避免走重复路。

生活性原则是指要立足于学生生活实际，把学生从最简单熟悉的生活层面引领到更加广阔的社会生活舞台，加强学生的生活世界的认识和理解，加强学生与现实生活和世界的联系，体现研学旅行生活化的理念，赋予生活以教育意蕴。

安全性原则应是研学旅行路线规划和设计时要遵循的另一基本原则。研学旅行过程中的安全问题是全社会比较关注的问题。对于安全问题重在防患于未然。在进行路线规划设计时，要充分考虑安全这一因素。本着安全性的原则，对研学目的地的安全性进行充分的评估，对潜在的危险因素进行排查和分析，做好安全紧急预案。

（四）Task：任务驱动，引领研学旅行

高职研学旅行不同于以往学校开展的春游、秋游活动，传统的春游秋游活动以娱乐休闲为主，而研学旅行则是寓教于乐，拥有更多的教育内涵。当前高职校在理念层面上能够认同这一理念。如何避免陷入只游不学的误区呢？不少学校采取的办法是以研学任务来引导研学旅行活动地开展，让学生带着问题和任务去旅行。

1. 研学旅行任务的作用与价值

（1）强化研学旅行的教育内涵

学校传统校外传统活动中有春秋游、参观纪念馆、科技馆、校外实践等活动，研学旅行区别于传统春游和秋游活动的主要特征是让学生在旅行中进行学习，游有所得，让学生带着问题和目的去旅行。而研学旅行从哪些方面去体现与传统校外活动的不同呢？很多学校都采用了以研学任务为驱动的研学旅行模式，在研学旅行活动中有针对性地设计了相关研学旅行任务。这些任务的设立克服了传统校外活动盲目性、走马观花式观光的弊端，赋予旅行以教育意蕴。

（2）引导学生研学旅行活动

学生带着问题去旅行，带着任务去旅行让研学旅行活动的开展具有了明确的方向和程序，活动开展的重点和目的得以聚焦。研学任务为学生研学活动的开展指明了方向，学生在研学过程中，结合研学旅行任务有选择、有重点、有目的地进行实地考察、参观、资料搜集、实物考证、提疑答疑。

（3）提升研学旅行质量

研学旅行具有区别于传统校内学习的不同特征，打破了传统课堂的"教材、课堂、教师"三中心，将课堂拓展到校外广阔的天地中，以大自然、社会为教材资源，进行自主学习和探究。研学旅行在本质上更多倾向于一种探究学习和自主学习。对于这种新的学习形式，如何确保和提升研学旅行活动质量呢？研学任务成一种较为有效的方式。研学旅行任务在一定程度上克服了传统学校活动只游不学、活动组织随意漫无目的的弊端，研学过程以任务为导向和线索，使研学的整个过程串联在一起，形成一个整体。

2. 研学旅行任务基本类型

研学任务在研学过程中发挥着重要的活动引领作用，也是研学成果总结和呈现的重要形式。当前许多学校都会在研学活动中让学生带着任务去旅行。研学任务类型多种多样，按照不同的划分标准可以分为不同的类型。按照研学任务所涉及的知识可以分为：学科研学任务、教材拓展任务、多学科综合任务。按照研学任务涉及的身心活动可以分为：体验层面的研学任务、知识获得层面的研学任务和能力发展层面的研学任务。研学任务尽管从不同的维度可以划分为不同类型的研学任务，但都可以统一到研学任务活动的全过程中来，分为：行前研学任务、课堂探究研学任务和研学总结任务。

行前研学任务是指在研学任务开展之前给学生布置的研学任务，其主要目的在于为研学活动做好相关准备，既包括物质层面的准备，也包括身心状态和知识储备层面的准备。对于学生来说行前的物品准备工作是一次宝贵的生活技能学习机会。现在大多数学生都是独生子女，在家衣来伸手饭来张口，所有的事情都是父母包办。这导致大部分学生生活技能缺乏。而行前给学生布置类似"自己亲自准备研学活动行李，做好研学行李清单"是很有必要的。同时知识层面的准备任务则有利于学生增进对研学目的地的相关了解以及所涉及的知识，让学生能够自己找到感兴趣的问题和研学课题，带着问题去旅行，提升研学效果。课堂探究任务是研学过程中的重要导航。能够实现"寓教于乐"，发挥学生的主动探究精神，提高学生的注意力，开动脑筋活跃思维，抓住研学任务的重点。

3. 研学旅行任务设计的基本原则

（1）导向性原则

导向性原则是指研学任务要引导研学旅行活动的方向，指明研学过程的重点和目标。导向性是研学旅行任务的功能之一，在设计研学旅行任务时研学旅行任务是否能够指导和引领研学旅行活动是研学旅行任务设计时要考虑和遵循的基本原则。

（2）体验性原则

体验性原则是指研学任务要导向学生经验的增长，引导学生自我探究、自主体验。研学旅行的体验性是研学旅行的重要特征之一，是研学旅行的独特价值所在。但这一价值却常常被我们所忽略，尤其是在进行研学旅行任务设计时我们常常更注重对学生知识层面的引导，学生通过完成相应的研学旅行任务在知识层面的收获，但却忽视了对学生研学旅行体验层面的引导。在研学旅行任务设计时往往倾向于设计解决知识层面的任务，如通过研学旅行了解和获得有关历史事实、地理知识、文化习俗、建筑知识、科学事实等知识层面的内容，而未设计体验层面的研学任务。如亲身感受和体验民俗艺术、欣赏人文景观、品尝和制作特色美食、歌舞戏剧欣赏等。有的研学旅行活动虽在活动的环节设计中涉及这些环节，但却并没有将其纳入任务层面，这导致学生在研学过程中并未全身心去体验和感受，体验性不佳。因此在研学旅行任务设计时也要将体验性作为基本原则之一，引导学生通过任务全身心去体验。

（3）多元化与个性化原则

学生是研学旅行过程中的主体，在进行研学旅行任务设计时在研学任务类型上和形式上应体现多元性和丰富性。设计类型多样、形式新颖的研学旅行任务，体现研学旅行不同于学科作业的和练习的特征。同时给学生的自主发挥和创造留下空间，充分尊重学生的个性和兴趣，发挥学生的特长，为学生展示自我风采提供平台和机会。多元化的任务设计既能照顾到不同年级和阶段学生的发展需求，又能充分体现对学生主体性的尊重，给学生以选择空间。研学旅行的任务不仅包括书面表达作业（如小论文、实验报告、心得体会等）、也应包括手工制作、绘画、拍照、模型等。研学任务应体现知识的综合应用，使学生尝试综合运用知识和方法来完成研学任务。在研学任务选择和成果呈现上，给学生留下自由选择和展示的空间，使学生能够充分根据自己的特长和兴趣来选择和呈现研究成果。

（4）发展性原则

发展性原则是研学旅行任务设计的出发点和根本立足点。遵循研学旅行任务设计的发展性原则在研学旅行任务设计时要考虑学生的发展需求和接受能力，用研学任务作为驱动来引领学生的发展。通过研学任务的引领使学生在完成研学任务的过程中锻炼和培养自主学习探究能力、问题解决能力、知识综合运用能力、人际交往能力、团队合作等多种能力。要使研学旅行任务起到这样的作用那么在研学旅行任务设计的质量至关重要。因此在进行研学任务设计时要超越知识和事实层面的简单任务，而要设计具有综合性、开放性和能够锻炼学生思维和能力的任务，为学生综合运用所学知识解决问题、培养自主探究能力、发展学生的思维创造机会和空间。

（五）Team：研学旅行课程团队建设

研学旅行作为一种学校教育与校外教育相衔接的形式，其实施需要多方的协调和配合。研学旅行的课程建设与实施离不开团队的协作与共同努力。专业、完备的

1. 课程建设团队

研学旅行的课程建设需要在学校层面得到重视，在学校层面落地生根。学校是推进研学旅行课程建设的中坚力量。研学旅行的课程建设的首要任务是建立专门的课程建设团队。

建立体系化、科学化的课程体系，成立专业的课程开发和建设团队，协调校内外各种因素，保障课程的实施，建立制度化、常态化的规范，真正使研学旅行成为学校的一门课程。

研学旅行课程建设团队的成立意味着将研学旅行当作专项工作来抓。在研学旅行课程建设团队中既包括学校的校长和领导，也要有校内校外相关领域的课程专家、校外研学导师、各学科的教师，真正做到集思广益，在课程初确立阶段也要听取学生的建议和兴趣，发挥学生民主主体精神，进行课程建设。建立课程审议团队，建立课程审议制度。课程审议模式由美国课程专家施瓦布提出。课程审议模式是遵循实践的而非形式的逻辑的一种集体审议，具有民主平等性、对话协商性、多元包容性以及集体共识性。以实际作为评判基准，进行民主对话和协商，在尽可能多的选择中进行选择，最终做出恰当一致的课程决策。

研学旅行课程团队要将研学旅行作为专项工作来抓认真研读、学习相关文件，结合政策指导精神和学校办学理念和方针，规划课程实施计划，制订初期方针，制订学校研学旅行课程建设的实施计划和工作方针。研学旅行课程建设本着"边行边改"的原则，以建立体系化、普惠性研学课程体系为目标。依据国家和地方的政策方针要求，结合本校的办学传统和地区特色，在继承学校传统活动、活动课程的基础上，依托地方特色，充分挖掘周边教育资源，在与课程专家、研学导师、学校教师充分论证的基础上，构建学段衔接、学科连接、校馆对接的课程体系，将研学课程、校本课程及地方资源有机融合，制订具有目标性、必要性、系列性及可研究性的课程计划，促进研学旅行课程建设。

2. 课程实施团队

课程实施是研学旅行课程的核心环节。课程实施关系着研学旅行目标能否达成，关系到学生在研学过程中真实的体验和收获，专业完备的课程实施团队是研学旅行顺利开展的有效保障。研学旅行课程实施团队主要包括：备课团队、组织团队、研学导师团队。

研学旅行课程实施的备课团队主要由教师、学生、研学机构及社会专业人士组成。在备课时可采取分头备课、对接备课、现场备课的形式，由校内教师和校外研学机构及专业人士针对同一研学目的地或研学主题进行分头备课，设计具体的研学方案。然后两者再进行对接备课，对所备课进行充分论证，取长补短，发挥各自的优势。如校外研学机构在资源利用、场地熟悉、安全管理、活动组织上有自己独特的优势所在。而学校机构在开展教育、教学、引导学生方面有自己独特的优势。在这个过程中要充分听取学生的需求和建议，也可以让学生参与到研学旅行课程的建设中来，如对于备课方案可以采取班级讨论的形式，在班内对于研学方案进行论证和完善。

组织团队的人员构成包括：校内人员（校领导及相关负责人、年级主任、班主任及各科教师）、校外研学机构专业人员。组织团队的职责在于统筹安排研学活动的各个环节，从行前备案、考察备课到活动实施、带学生安全返校的全过程。负责交通、住宿、研学指导和学生安全，保障研学活动安全、有效、有序地开展。校领导及相关负责人是学校研学旅行活动的发起者和总体协调者，再由年级主任统筹全年级研学旅行主题及活动。而班主任则是班级研学旅行活动开展的具体负责人，负责传达上级工作精神、联系家长、根据本班学生实际来选择和组织班级研学活动。研学活动作为一门综合性、实践性的活动，离不开各学科老师的参与和支持，学科老师参与到研学旅行活动任务的设计、研学指导的过程中来，拓展了学生知识的深度和广度，提高了研学过程中的有效性。校外研学机构专业人员主要负责研学场地的组织、活动安全以及人力与物力资源的组织与安排。这样一支包括校内全体成员参与、校内校外共同协作的组织团队打通了校内外之间的界限，有效避免了校内外研学活动工作相背离的问题，为校内外研学活动工作的开展提供了沟通和协调的平台。

研学导师团队应本着专业性、适切性和多元化的原则来组建研学导师专业团队。根据研学旅行路线和主题的特点挑选旅行社具有资质的研学导师、学校学科教师、高校专家学者等组建一支高水平高质量的研学导师团队。

研学旅行实施团队的建设需要校内外的团结协作，取长补短发挥各自的优势。学校研学实施团队要协调校内外研学活动组织工作，开展各个层面的研学行前筹备工作，统筹各年级的研学旅行活动组织，落实到每个班级。做好行前准备、联络各研学基地、方案报批、安全保障工作。同时协助校外机构做好活动实施和研学导师团第建设工作。校外团队在活动组织、场地熟悉、资源协调上有自己独特的优势，而学校在教育教学、教育规律上具有专业优势，校内校外取长补短，相互协调，学校为校外研学导师提供一些教育教学上的专业培训和指导，有利于校外研学导师队伍的建设和成长。

3. 课程支持和保障体系团队

课程的顺利实施和有效开展离不开多方面的支持和配合，研学旅行课程支持和保障体系团队是研学旅行课程建设过程中的重要力量。研学旅行课程支持和保障体系团队为研学旅行课程的实施提供人力、物力和制度保障，是研学旅行课程建设过程中的重要外部推动力。研学旅行课程支持和保障体系团队主要包括学校、政府和家长。研学旅行活动涉及众多部门、人员，工作量大，不确定因素较多，需要外部提供良好的安全保障机制、合作保障机制和评价监督机制。完备的保障机制和外部支持才能为研学旅行活动常规化、科学化实施和开展创造良好的环境条件。

有效的安全保障机制是研学旅行活动顺利开展的关键。安全保障机制的建立不仅需要学校和机构的自觉约束，也离不开政府部门的政策监督和约束。政府、学校、学校机构三方共建，才能为研学旅行的中的安全保驾护航。研学旅行的安全保障要从研学活动主题、运行模式、内容设计、活动流程、条件保障、安全预案、风险评估及应对等环节进行全面规划部署，明确责权划分，建立责任追踪制度，建立起明文规范，以法律明文建立起具有法律效力的约束机制。

研学旅行课程的实施和开展涉及人员众多，工作量大，需要多方面的合作和配合。发动家长参与到活动主题及路线的选择与设计、活动实施的过程中来，听取家长对于研学旅行活动的意见和反馈，使研学旅行课程不断修订和完善。课程费用邀请家长委员会、学生会成员的监督与议定，做到收支公开透明、经费管理规范，杜绝搭车收费、乱收费、虚高收费等现象，公开透明。场馆资源是丰富多样的，学校需要与社会场馆合作，通过直接利用、转化等形式，开发出基于场馆的精品研学课程，建立长期合作关系。

研学旅行课程的评价机制是推动研学旅行课程的动力系统，也是检验研学旅行成效的有力措施。研学旅行课程的评价团队成员构成应是多元的，不仅包括学校教师、也应包括研学导师、学生和家长。评价应是多向的，不仅包括学校、基地对学生的评价，也应包括学生对基地和导师的评价，以及学校与机构之间的双向评价。这种多元主体、多方向的评价能够有效发挥评价对研学旅行活动实施的反馈作用，关注研学旅行从设计到实施的各个环节，关注到不同维度的人，过程中的评价，当场反馈，发现问题寻找原因及时改进；总结性评价，反映了课程实施的正统效果和水平差异，为课程的丰富完善和相应的政策决策提供了依据。

二、高职研学旅行课程建设"5T"的达成策略

基于当前高职研学旅行实践的现状及存在的问题，从研学旅行课程的"5T"课程要素入手，探索高职研学旅行课程建设的具体实现路径。

（一）目标设计：立足学生发展的校本目标体系

1. 依托传统，从学校理念和文化中提炼课程目标

校本课程开发专家斯基尔贝克认为："尽管选择目标的过程中涉及科目、学习理论以及对学生的理解，但是课程目标不能仅仅从科目中推论出来，从学习理论中推论出来，或者从对学生的理解中感受出来。相反，课程开发应从学校层次的环境入手，因为每一所学校都是不同的，从一所学校获得的环境分析结果不能照搬到另一所学校"。因此，研学旅行课程目标的制订要结合本校的育人理念和学校文化，立足于学生核心素养和关键能力的培养，提炼研学旅行课程目标。研学旅行课程目标应体现学校育人理念和教育目标，为学校育人目标的实现助力，体现课程目标与学校育人目标的关联性和传承性。

2. 整体建构，建立体系化和连续性的课程目标体系

松散的知识不行成智慧，零散的技艺构不成能力。研学旅行作为一门综合性的课程，在课程目标上要充分体现综合性和整体性，立足于学生综合能力和核心素养的发展，体现课程目标的整体性、可持续性以及对学生发展过程影响的充分性。当前研学旅行课程目标在学校实践层面存在目标分散，各种活动主题之间、各年级或各年级活动主题的目标之间缺乏连续性，研学旅行课程目标的零散、非连续性，消解了研学旅行课程的影响力和发展力，对学生的影响缺乏持续性。因此，研学旅行课程应在学校层面建立起体系化和结构化的课程目标体系。

在实践层面上克服研学旅行课程目标的零散性和非连续性问题需要统筹设计学校研学旅行课程目标和各年级研学旅行目标。对不同年级、学段的研学旅行课程目标予以整体的规划和设计。不同年级的研学旅行课程目标之间既要体现基础性，又要在发展目标上有所侧重，同时要注意各年级目标之间的连续性、层次性和在整体性，建立体系化和连续性的研学旅行课程目标体系。

3. 立足实际，制订具体有效的课程目标

课程目标是课程设施和实施的出发点，也是最终归宿。当前研学旅行课程目标存在设计随意、虚化等现象。课程目标制订随意、虚化表现为缺乏具体、可操作的行为目标，导致研学旅行实施的任务感和方向感迷失，这也大大影响了研学旅行课程开展的有效性，使研学旅行不能发挥其应有价值。

研学旅行课程目标只有克服随意化和虚化现象才能有效指导研学旅行课程实践。制订具体有效的研学旅行课程目标需要克服"普遍性"课程目标取向，注重依据不同的活动主题和任务对研学旅行课程目标进行具体化、情境化的构建，从"普遍性目标"走向"表现性目标""体验性目标""行为性目标"。

（二）主题设计：依托本土资源生成丰富主题

1. 以校为本，整合学校各项活动设计主题

学校以往开设的各项传统活动为研学旅行课程的开展提供了经验，也提供了主题生成的资源。研学旅行课程与学校的传统活动之间并不是孤立的关系，两者之间在育人理念和目标上具有共同性，以研学旅行课程的相关理念去组织和整合学校传统活动，以校为本，与学校各项活动整合设计主题，是研学旅行主题校本化设计的有效路径。

2. 依托资源，因地制宜生成主题

学校周边和地方教育资源是研学旅行活动开展的重要资源依托，也是研学旅行主题生成的重要依托。高职研学旅行在试点推行阶段主要以本地研学为主，因此学校在进行研学旅行主题设计时要充分挖掘学校周边即地区教育资源，结合学校周边实际开发主题。

结合学校周边和地区教育资源设计研学主题的具体途径有：一是立足本地区的人文环境开发主题。

3. 重组整合，学科知识融合设计主题

研学旅行本身就是一门综合性的课程，各学科的知识与研学旅行课程之间存在较多的交叉，研学旅行也为深入理解和运用学科知识、拓展和提升学科知识领域提供了条件和机遇。因此，学科知识与研学旅行活动相整合，设计研学旅行活动主题，有利于实现学校课程之间的整体性、深化学科知识的理解和运用。

重组延伸学科知识，与学科整合设计主题需要以学科教师之间的合作和集体课程设计为基础，找到地方研学资源与各学科知识的交融点，精心设计研学旅行主题和活动。

4. 以生为本，学生参与活动主题设计

让学生在活动主题设计的全过程拥有话语权。在研学旅行课题设计过程中应突出学生的主体地位，满足学生兴趣和发展需求。让学生参与到活动主题设计的过程中过来。在主题开发团队成员组成中选择一部分学生代表参与到活动主题设计的过程中来，考虑学生的兴趣需求。在主题选择阶段要尽可能扩大范围去选择主题，可以用到的具体方法包括：头脑风暴法、兴趣需求调查法等。在活动主题和方案论证的过程中，本着民主性的原则，让学生充分参与到课题论证的过程中来，充分听取学生的意见反馈，及时修订活动方案。

建立课题审议和申报制度。班级教师和学生经过充分讨论和设计可以向学校提交研学旅行主题方案，向学校研学旅行课程建设指导小组进行课题申报。

（三）路线设计：整合地方资源探索精品研学路线

1. 资源整合，探索精品研学路线

研学旅行路线设计可以按照"明确研学主题——确定研学目标——精选研学基地——融合学科知识——综合研学要素——设计研学路线——编制研学方案——研学实践检验"

这样的一个基本路径。研学主题和研学目标是研学旅行路线设计和活动实施的基础，也为研学旅行目的地的选择提供了方向。依据研学主题和目标，选定研学目的地，研学旅行课程建设团队对目的地进行实地考察，充分挖掘研学地点的教育价值。筛选可利用的教育资源，对教育资源进行课程化的整合和改编，或将研学目的地现有的活动直接纳入研学课程体系和教学环节，进行情景陶冶式或问题解决式的教学。或是将研学旅行资源结合活动主题和学生身心特点进行改编或文本性的转化。

2. 合作共建，打造精品研学路线

多方共建研学旅行基地，开发精品研学旅行路线。研学旅行基地的质量很大程度上决定了研学旅行活动的质量。为了使研学旅行基地更好地服务于研学旅行活动的实施和开展，学校可以与相关部门以及校外机构合作，建立多方合作机制，共建研学旅行基地，开发精品研学旅行线路。在这样一个共建机制中，可以发挥学校及校外机构各自的优势，取长补短。学校可以充分发挥自己在教育教学、学生指导上的优势，深入挖掘研学基地教育资源，赋予研学旅行更多的教育内涵。校外机构则在安全保障、基地了解、活动组织上有自己独特的优势所造，学校与校外机构的合作共建，能够有效推定研学旅行精品化路线的建设。

3. 齐头并进，兼顾普惠与特色研学

普惠性研学路线与特色研学路线并行发展。普惠性研学路线具有经济性、公益性、全校参与的性质，这种研学路线在设计上更多的是利用区域研学资源。对于普惠性研学路线的开发学校需要根据学校本省的情况、地方特色、资源和条件因地制宜地进行动态开发。"课程是一个开放的系统，通过其复杂的关联性来保持生机与活力"。特色研学路线主要是服务于学生个性化的研学需求，如省外研学、国外研学等等。特色研学对于满足学生个性化的需求，了解国情、开拓国际视野具有重要意义。路线选择和设计要关注学段，满足不同学段学生的发展需求。采取"异标异线"，即不同学段不同发展需求和目标的学生选择设计不同的研学活动路线。或"同质异标"同一研学基地或同类研学活动按照学段和学生发展需求设计不同能力层级目标，满足学生的发展需求。

(四) 任务设计＝助力研学目标的达成

1. 紧扣目标，指导研学实践

在任务设计时应立足于学生发展的角度，精选研学任务。超越知识和事实层面的任务设计，从培养学生综合素养、问题解决能力和创新实践能力的角度出发去设计研学任务。研学任务应体现综合性、实践性和开放性，为学生提供综合运用知识解决问题的机会。以研学目标和学生的发展作为导向，精选研学任务，为学生提供综合运用知识的条件，以研学任务来助力研学活动的成功开展，研学目标的顺利实现。

2. 形式多样，满足个性发展需求

当前许多学校采用研学手册的形式布置和呈现研学旅行任务，但在研学手册设计上却忽视个体之间的差异与需求，发放相同的手册，要求学生完成相同的任务。研学旅行任务应区别于学科作业和考试，不应采用标准化、统一化的任务来要求学生。研学旅行任务更应体现个性化、多元化、自主化的特征，满足不同学生的需求，为学生的个性和自主发展留下空间。

在进行研学旅行任务设计时考虑不同学段学生的知识理解能力及发展需要，设计符合不同学段需求的任务。如在举行自然研学时，高职低年级段学生任务设计重点在于引导学生观察自然，可以让学生去画一画自己观察到的植物采集树叶标本、制作拼贴画等。而对于高年级的学生已具备一定的知识储备，可以综合运用多种知识来解决问题。因此在研学任务设计时可以让学生自主选定研究主题，制订研究方案。也可以结合生物所学探究生态系统和自然，对生态系统进行相关调查和实验。对于同一研学任务可以采用多种方式呈现成果，充分发挥学生的特长和个性。如喜欢画画的同学可以以图画的形式展现研学成果，喜欢动手的同学则可以制作各种实物模型。文笔好、善于思辨的同学则可以写一篇研究论文或调查报告。总之，研学旅行任务设计时应尽量做到形式多样满足不同学生的发展需求。

3. 整体设计，体现多维度多层次

研学旅行作为一种体验性的学习，以研学路线和研学活动作为载体，以获取关于生活和世界的知识，获得自我体验和发展。研学旅行的价值可以分为体验层面、知识层、身心发展层面。在进行研学旅行任务设计时可以从这三个层面出发，设计出包含多维度和多层次的研学旅行任务。体验维度主要是对研学目的地场景和情境的体验，这是学生获取直观经验和体验的过程，如"品尝和制作当地一种特色美食""选择一项科创项目进行体验，感受科技的美丽，并理解其中包含的科学原理"。知识层面主要是直观经验和事实的获取，如"能够识别农作物，并给他们画像"。

（五）团队建设：构建研学旅行课程建设团队

研学旅行是一门最能体现校本特色的课程，学校是研学旅行课程构建和生成的土壤。探索和构建校本化的研学旅行课程体系需要切实提升校长和教师的课程意识和课程开发能力，把研学旅行课程建设作为一项专门工作来抓，努力探索体系化的校本研学旅行课程体系。

1. 校长领导，提升校长的课程领导力

校长作为学校的带头人，校长的课程意识、课程思想和办学理念影响着学校课程发展的方向。校长如何认识和理解"研学旅行"这门课程？如何看待和定位研学旅行在学校和学生发展中的价值，是影响研学旅行能否纳入本校课程体系的关键。因此，应切实提高校长对于研学旅行课程的课程意识和课程领导能力，以高度责任感与使命感的态度将研学旅行作为学校课程建设的一部分，进行规划和建设。

2. 教师参与，提高教师课程开发的意识和能力

研学旅行课程的开发和建设最终还要落实到学校教师。学校教师是研学旅行课程开发的主体。教师的课程开发意识和能力是制约教师进行研学旅行课程开发的关键因素。当前高职教师普遍存在对研学旅行课程价值及定位认识不足，课程开发主体意识欠缺，课程开发能力及知识储备不足等问题，这些问题也直接影响了研学旅行课程建设的进程。因此，研学旅行课程建设需要切实提高教师的课程开发意识和能力。

教师不是课程的"忠实执行者"，而应成为课程的"创造者和开发者"。在研学旅行课程建设的过程中，教师应成为学校课程建设中的一员，投入到研学旅行课程建设的实践中去。

3. 教师培养，加强研学导师队伍建设

当前研学导师队伍整体质量参差不齐，鱼龙混杂，研学导师专业水平不足是阻碍研学旅行课程建设的重要影响因素。当前研学旅行导师大多由研学机构的导游担任，其虽然具有专业精湛的导游资质，但是教育教学知识缺乏。在引导学生进行研学旅行的过程中，也不免会将导游的一些习惯带到研学指导的过程中，如一到一个景点就将与该景点相关的历史、典故和文化和盘托出，讲解虽丰富详细，但缺乏启发性，教育意蕴不足。

研学旅行导师队伍建设需要学校、研学教育机构和教育部门多方面的协作和努力。学校要发挥自己在教育教学上的优势，主动与研学机构合作，建立互帮互助机制，共同备课、磨课，为研学机构导师的教学提供帮助和支持，帮助研学机构导师在教育教学方面提升和改进。同时，教育部要加强师范生研学旅行师资的培养，和教师进修培训，建构研学旅行相关课程，培养专门师资。坚持对研学导师资质的审查和市场准入标准，严格把关研学导师质量。

4. 整体建构，探索体系化的校本研学课程体系

研学旅行不能只停留在活动层面，研学旅行只有具有层次化和结构性的课程体系才能够保证其常态化和科学化的实施。学校要提高对研学旅行课程建设的重视程度，将研学旅行课程建设当作一项专项工作来抓，成立学校课程建设小组，探索体系化的校本研学课程体系。学校课程建设小组由校长牵头，学校教师为主，并吸纳校外机构研学导师、高校课程专家作为指导，构建一支专业的研学旅行课程建设团队。

（六）实施保障：建立完善的课程运行和保障体系

高职研学旅行的课程建设离不开良好的课程运行环境和完善的外部保障体系作为支撑。政府及社会有关部门要为研学旅行课程建设创造良好的外部环境，制订相关政策及法律法规推动研学旅行课程建设。

1. 行政推动，确保研学旅行课程化

在学校教学常规中，某种活动成为学校课程的重要标志是有规范化的课程文件，明确

的课程标准和课程计划。因此，研学旅行如果想在真正意义上成为学校的一门课程，学校必须制订和出台明确的课程计划、课程标准、课程管理方案、课程评价方案，为学校研学旅行课程常规化的开展提供规范化和政策文本依据，推动研学旅行从政策文本走向常态化实施。

政府和教育相关部门也要为高职研学旅行课程建设提供支持和补贴，协调好学校和社会资源，服务于高职研学旅行课程的开展。出台相应的政策文本，为学校研学旅行课程建设创设良好的政策环境。加强对研学旅行基地的建设和管理，建立研学旅行基地及研学机构的行业准入标准和评价体系，规范研学旅行市场，联系和利用好社会资源，建设一批具有高质量、高水准的研学基地和研学导师团队。做好对高职研学旅行课程实施的监督工作。

2. 层级问责，建立研学旅行课程组织管理体系

研学旅行课程建设的顺利开展离不开严密的课程组织管理制度作为保障。当前研学旅行在我国刚刚起步，课程组织管理及相关政策法规还存在很多不完善的地方。安全问题责权不明晰、课程运营程序不规范、研学市场乱象丛生、学校课程规划随意制定等问题影响了研学旅行课程开展的实效。研学旅行课程建设需要以完备严密的课程组织管理体系作为保障。

教育行政部门及高职要探索和制订完善的研学旅行课程组织管理方案，建立社会、政府、学校、家庭和旅行社在内的多方协作管理机制。做到"活动有方案，行前有备案，应急有预案"。完善和落实高职研学旅行的政策、法律法规，明确责权，建立有效的问责机制。活动计划报备教育行政部门，做好安全评估和安全教育工作，与家长、机构、基地签订协议书，明确责任权力。加强安全监督管理，建立责任追究机制。建立完备的研学旅行安全保障体系，对研学旅行中可能出现的安全问题做到"防患于未然"，针对研学过程中可能出现的安全事故问题制订针对性的防范和紧急处理措施，避免事故的发生。

3. 基地考察，提升研学旅行基地质量

研学基地是研学旅行实施和开展的重要资源依托，研学基地的资源环境、课程设置、安全保障、硬件软件设备等影响着学生的研学体验和收获。加强研学基地建设，建设一批高质量的研学基地，能够保障研学旅行常态化开展。

政府和教育部门要加强对研学旅行基地的监督工作，建立研学基地准入标准。从基地资源环境、基地课程、安全措施、紧急预案、食宿卫生、教员配备等方面对基地进行评估和考察，对于达标和具有资质的基地给予政策和资金支持，鼓励社会机构和企业投资共建高质量高职研学旅行常设基地，纳入行政管理范围，严格监督研学旅行基地的运行。

学校、研学机构和基地三方合作，实现研学基地和课程的多方共建。根据研学旅行育人目标，结合地方特色和资源，以地方文化遗产和自然、红色教育资源和实践基地、高校企业、科研机构为提托，建设和打造一批高质量的精品研学基地。学校、研学机构课程开

发人员、研学导师对研学基地进行实地考察，讨论研发、内容搭建、集体评议、实地内测，实地检验研学基地及课程方面存在的问题，以及课程实施的重难点，课程落地效果，活动组织规划及人员配备情况，提出建议和优化方向，实现研学基地质量的提升和优化。

4. 多元评价，完善评价机制

评价是研学旅行课程建设的重要组成部分，是实现研学旅行客车个目标的有效方法和手段，也是促进研学旅行课程及实践不断完善和发展的重要动力。因此，要做好研学旅行的评价工作，建立完善的研学旅行评价机制。

研学旅行课程评价的主体是多元的，包括学生、校内老师、校外研学机构导师和研学活动组织者。评价方式也是多元的，可以采取学生自评、互评、教师评价、研学导师评价等形式。在评价内容上应包括学生评价、基地评价、研学导师评价等多个方面。只有建立全方位、多元化、完备的评价体系才能够有效促进和评定研学旅行课程实施的效果，促进研学旅行的科学化和常规化开展。

在评价机制上可以采取学校主导基地协同的方式，建立完善的研学旅行评价体系。研学旅行课程评价贯穿研学旅行的全过程。包括对研学课程的评价，机构带着课程来投标，对基地及服务的评价，课程内容和实施与课程目标的达成度，学校管理人员、教师、学生对研学机构的评价，课程内容、实施情况、现场执行的导师能力、安全措施、用餐住宿服务等。同时基地也要对学校管理、教师、学生进行评价，如组织管理、有效沟通、实施效果等。这样，在学校和研学基地之间建立双向评价和反馈机制，促进研学旅行课程不断完善和发展。

第七章 研学旅行课程设计要点

第一节 研学旅行课程中的学科融合

一、语文学科应如何融入研学旅行

(一) 现场理解和体验字词

语文课程致力于培养学生的语言文字运用能力，而语言文字运用的前提是丰富语言积累，理解语言文字的内涵，掌握语言文字的特点。尤其是低年级学生，在刚开始接触正规的字词学习时会有"不得要领"的感觉，存在很多一知半解的现象，在不少字词上存在理解偏差。

(二) 开展场景式课文教学

课文是构成语文教学的主体，是语文教学最重要的凭借。在一篇篇课文的学习中，学生逐渐掌握语言文字的特点及运用规律，学会用口头和书面语言进行交流沟通，同时在此基础上学会阅读、发展思维能力，吸收人类文化的优秀营养。

(三) 进行现场作文教学

语文教学界流传着这么一句话："语文有三怕，一怕周树人，二怕文言文，三怕写作文。"无话可说是学生写作文最常见的通病，所列事例无外乎都是"爱因斯坦如何如何""牛顿怎样怎样""居里夫人如此如此"之类。问题的源头还在于当代学生很少接触学校以外的社会，缺乏生活积累。

研学旅行的最大特点就是在自然和社会的真实情境中进行体验和实践。写作文需要有鲜活的生活素材，研学旅行正是带领学生面向生活这一大舞台；好的作文需要具备观察能力，研学旅行中老师可以现场引导学生进行观察；好的作文需要独特的视角和情感，研学旅行正是让学生在真实情景中实践体验，形成个人经验。好的作文都是有感而发！将现场作文教学融入研学旅行，让学生在具体的语言情境中尝试正确有效运用语言文字，不仅可以激发学生的作文兴趣，也可以提升学生的作文能力。

(四) 体验和传承中华文化

从字面意义来看，"语"是"汉语"，"文"是"文字""文学""文化"。语文不仅是交流、表达的工具，更是与伟大先人沟通、塑造历史视野、培养人文情怀的媒介。语文学科在传承和发展中华文化、增强民族凝聚力和创造力等方面具有独特的价值。语文学科融入研学旅行，也可以在中华文化的体验和学习中体现出来。

走进苏州园林，亭台楼阁、楹联碑刻都是中国传统文化的展现，园林中梅兰竹菊体现中华民族的人格追求。去了北京故宫，规划设计都蕴含着儒家思想，宫殿文物似乎在诉说着历史典故、风云沧桑。

二、地理学科应如何融入研学旅行

地理学是研究地理环境以及人类活动与地理环境关系的科学，而地理环境由大气圈、水圈、岩石圈、生物圈等圈层构成，是地球表层各种自然要素、人文要素有机组合而成的复杂系统。研学旅行的开展场景就是自然和人文地理环境，这是一个最具综合性的真实场景，并且地理教学素材俯拾皆是。与其他学科相比，地理学科开展研学旅行有着先天优势。

地理学科开展研学旅行应以地理实践力为基础，以区域认知和综合思维为路径，以人地协调观为目的，将地理学科核心素养融入研学旅行。在具体操作上，可根据自然地理和人文地理的特征进行设计。

（一）与自然地理结合的研学旅行

自然地理属自然科学学习领域，研究自然地理环境的组成、结构、空间分异特征、形成与发展变化规律，以及人与环境相互关系。自然地理方面，可采用实验、采集、观测等方式开展研学旅行，强调实证主义。

（二）与人文地理结合的研学旅行

人文地理属于社会科学学习领域，以人地关系的理论为基础，探讨各种人文现象的地理分布、扩散和变化，以及人类社会活动的地域结构。人文地理类的研学旅行在方法上可采用区域考察、社会调查、文献研究等学习方法，经验主义是常用的研究方法。

（三）自然地理和人文地理结合的研学旅行

现实的世界是自然地理环境和人文地理环境综合的，这给了研学旅行更为复杂的背景。很多时候，需要调动自然和人文各要素甚至结合时空变迁综合思考问题，学习方法上自然也需要实证和经验相结合。

三、历史学科应如何融入研学旅行

在国家倡导的研学旅行主题活动类型中，历史类是其中重要的一支。历史学科与研学旅行有着天然的联系，它与理想信念教育、爱国主义教育、革命传统教育、国情教育密切相关，是学生理解民族悠久历史、继承优良革命传统、感悟现代化建设成就最重要的一门学科。

（一）基于本土文化

本土文化主要是指本区域范围内，扎根本土、世代传承、有区域特色和民族特色的文化。本土文化既有历史传统的沉淀，也有植根于现实生活的变化和发展。立足本土文化开展的研学旅行，存在着周期短、易操作、方式灵活、校本特色鲜明等特点，便于常态化实施和精品化推广。

（二）基于名人故居

所谓名人故居，就是在历史上具有一定影响力的人物曾经居住的地方。名人故居是一种特殊的文化载体，其记录并留下了历史人物日常生活的点点滴滴，具有一定的文化价值。在名人故居开展研学旅行，可让学生更好地了解历史人物及其历史影响。

（三）基于历史遗址

历史遗址是指在历史进程中人类活动的遗迹。历史遗址能够提供关于研究社会生产力发展和社会生活状况方面的完整的、重要的资料，据此可以阐明这一遗址所在时期的政治、经济和文化活动等方面的内容和特征。通过预设研学课题，综合研究遗址、遗迹及遗物，对于认识人类历史有很大帮助。

（四）基于文化名城

历史文化名城，是指历史孕育出的一些因深厚的文化底蕴和发生过重大历史事件而青史留名的城市。这些城市，有的曾是王朝都城，有的曾是当时的政治、经济重镇，有的曾是重大历史事件的发生地，有的因为拥有珍贵的文物遗迹而享有盛名。它们大致分为七类：历史古都型、传统风貌型、一般史迹型、风景名胜型、地域特色型、近代史迹型、特殊职能型。它们的留存，为我们回顾历史打开了一个窗口。

西安是首批国家历史文化名城，作为曾经的政治、经济、文化中心长达千年。深厚的文化底蕴，丰富的历史素材，为开展研学旅行提供了丰富的历史文化教学素材。西安的文化遗址存数量大、层次高，有帝王陵墓和四大都城遗址，以及大小雁塔、钟鼓楼等古建筑。研学旅行中，可以从不同时期西安的政治、经济、文化变迁中，引导学生在历史时空框架下把握重要的历史事件、历史人物、历史现象，以及人类文明的重要成果，理解历史进程中的变化与延续、继承与发展、原因与结果，建构历史发展的前后联系，认识历史发展的总体趋势。通过对各类史料的查阅、分析，学习史料实证的基本方法，能够在此基础上对历史做出正确的解释，深化对中华民族多元一体发展趋势的认识，认同社会主义核心价值观和中华民族优秀传统文化。同时，对比古今西安的变迁，可让学生了解历史发展的多样性，培养发展眼光，拓展国际视野，形成开放的世界意识。

（五）基于藏馆

此类藏馆主要包括了综合类藏馆、专题类藏馆。综合类藏馆依托展品内容，大多数展品相互独立，知识之间关联度比较低，不构成系统，学生可以依据自己的兴趣确定学习重点。而专题类藏馆则围绕某一重要事件或重要人物，呈现丰富的展品、数字资源，多方位去还原事件或人物本身。

开展馆藏类研学旅行，可以让学生从专题的角度分析历史的演变。位于浙江省杭州市的中国刀剪剑博物馆，是一个多角度展现刀剪剑发展历史和独特文化的专题性博物馆。设计以"刀剑"为专题的历史研学旅行，让学生通过"石刀、骨刀、玉刀，青铜刀剑，钢铁刀"这段刀剑发展史，分析原始社会时期、商周时期以及汉代以后社会、政治、经济的不同发展，继而从人类文明演进的角度去认识历史。在研学过程中，学生接触、查阅和获取大量关于刀剑的史料，并通过对史料的辨析、取舍、运用、论证观点，最终得出科学合理的结论，从一个小切口学习到了史料论证的方法。

四、生物学科应如何融入研学旅行

生物学是自然科学中的一门基础学科，是研究生命现象和生命活动规律的科学。从生物学独特的学科视野出发开展研学旅行，能让学生在真实世界中学习生物学，认识客观世界，养成科学思维的习惯，形成积极的科学态度，也能让研学旅行更贴近自然，更有科学的味道和生命的气息。

（一）调用生物知识，认识生命世界

研学旅行开展的场景就是真实的世界，充满活力，富有魅力。花鸟虫鱼、飞禽走兽是构成这个世界不可缺少的一部分。多姿多彩的生物世界有许多我们感兴趣的话题。当学生走出校园，在欣赏大自然美的同时，可充分挖掘和利用丰富的生物资源，通过调动生物学知识来认识生命世界、解释生命现象，由此产生尊重生命、珍惜生命、关爱生物的情感。

走进自然，可带领学生认识不同的植物和动物，引导学生利用现有的生物学基础知识，了解自然界生物的形态结构、生活习性和作用价值，如松树为何呈针状，与哪些环境因素有关；也可以组织学生采集树叶、昆虫做成标本，在制作标本的过程中认识不同生物的组织结构，充分意识到每一种生物都是大自然独一无二的宝贵资源；还可以组织学生观察不同类型群落的结构、特征及演替规律，认识到人类活动对自然环境的影响，从而树立保护自然的意识；甚至还可以在真实的生物环境中，让学生通过观察等手段，从生态系统具备有限自我调节能力的视角，讨论当地生态系统是否已经出现严重的生物多样性下降的趋势，预测和论证某一因素对生态系统的干扰可能引发的多种潜在变化。

课堂上所学到的生物学知识是惰性知识，当遇到真实世界中真实的生物时，生物学知识才可能成为有生命的活性知识。

（二）借助生物实验，培养科学思维

生物学是以实验为基础的学科，生物学理论知识的发展和提高，是建立在反复实验的基础上。实验教学，可以让学生从感性材料中进行加工处理、归纳分析，培养学生的科学

思维，为学生终身发展和应对未来社会发展奠定基础。

在研学旅行中，可将生物实验引入其中，让学生用理性的眼光、定量的方法走进生物。如某学校在组织参观花卉园区时，引导学生思考如何利用植物组织的特点快速而高效地培育出新个体植株，学生通过思考与讨论，回归课本实验来探究植物生长调节剂对扦插枝条生根的作用，结合植物激素和其他因素对植物生命活动的调节相关知识，分析并尝试提出实验方案，在完成实验过程的基础上收集并处理数据，完成实验报告。

(三) 开展生态调查，学会探究方法

生态调查是生物学研究的重要方法之一。通过生态调查，学生可获得某区域生态系统的一手数据，从而为分析问题、解决问题奠定了基础。

(四) 深入日常生活，凸显社会责任

生物学的一个重要使命是：在面对现实世界的挑战时，学生能主动宣传生物学知识，愿意承担抵制毒品和不良生活习惯的社会责任。

五、艺术学科应如何融入研学旅行

如何将艺术学科渗入研学旅行，不仅是艺术学科要考虑的事情，也是研学旅行提升品位应追求的方向。

(一) 感受艺术

从本质上看，艺术教育属于审美教育，人的感受力是其基础，知识技能是其手段，审美和人文素养是其目的。

艺术学科融入研学旅行，最简单的方法就是让研学旅行的过程成为一个感受艺术的审美过程。而让学生在研学旅行过程中感受艺术的最易操作方式是开展观赏活动，如欣赏表演、参观博物馆、欣赏工艺品等。这样的活动穿插在研学旅行过程中简单易行，可以初步实现艺术感知。

除了选取某个点来感受艺术，还可以进行艺术环境的整体感知。意大利是欧洲文艺复兴的发源地，是一个充满艺术气息的国度，孕育出达·芬奇、米开朗琪罗等天才艺术家，在建筑、绘画、雕塑、设计等方面对欧洲乃至世界影响巨大。南昌市某学校的同学前往意大利开展研学旅行。"艺术之都"米兰，有着哥特式建筑的集大成者米兰大教堂；佛罗伦萨就像是一座露天的艺术博物馆，无论是大街还是广场，随处可见文艺复兴时期大师们的雕塑作品，漫步在佛罗伦萨古城的街头巷尾，处处都会感受到那浓郁的文化氛围；意大利的街头，有着众多的街头艺术家自弹自唱、现场作画，五花八门，各展所长；路边的电线杆、垃圾桶也可以从简单的生活设施变成艺术品；车行驶在高速路上，两边成片的向日葵田和卷成圆筒状的麦秆，让人不禁想起很多大师笔下的风景……沉浸在充满艺术气息的环境中接受熏陶，感受名家名作是如何炼成的，这为学生积累了视觉、听觉、触觉和其他感

官的经验，对其他国家和地区的艺术有了更深入的文化理解。

（二）体验艺术

研学旅行属于综合实践活动，是典型的体验教育活动。而突出技能和情感的艺术学科十分强调体验，可以说这与研学旅行不谋而合。

景德镇陶瓷瓷质优良、造型轻巧、装饰多样，体现了中国传统文化的独特美。景德镇某研学旅行基地开展的"小陶匠"研学旅行活动，既设置了现场观摩名家制作陶瓷等内容，还安排了拉坯、彩绘、捏雕等动手实践体验课程，让学生在亲身体验中增进对陶瓷艺术的喜爱，拓宽学生的艺术视野，深化学生对陶瓷艺术的理解。

在新媒体和新兴娱乐方式的冲击下，传统戏曲逐渐式微，如何让学生更好地传承戏曲艺术呢？西安某研学体验基地致力于秦腔文化与研学旅行课程的融合研究。在秦风韵戏院，学生不仅可以观看《三娘教子》《斩姚期》《张连卖布》等秦腔剧目，还可以学说地道陕西话，体验华阴老腔的乐器，跟名家模仿花枪、转手帕等戏曲表演技法，甚至还可以彩妆表演学习曲目。可以说，从咬字到运腔，从乐器到身段，学生接受了秦腔全方位的"洗礼"。相比于听戏、看戏，这样的体验更能激发学生对传统戏曲的兴趣，更利于领悟艺术内涵、提升艺术修养。

在这里需要着重提出的是，非物质文化遗产是一种价值禀赋良好的研学旅行资源，包括工艺美术类、民俗风情类、戏曲音乐类、民间文学类、传统医药类等，其中不少与艺术学科存在直接或间接的联系。

（三）创造艺术

对于普通的学生，在研学旅行过程中可参与感受、鉴赏、模仿、体验各类艺术。但对于有艺术特长的学生，则还可以在此基础上为之增加表现艺术、创造艺术的机会。这在美术学科上表现得尤为突出。

研学旅行的开展场景即是在真实的风景之中，所以从美术写生和研学旅行的相关性来看，风景写生是与之可结合度最高的一类写生方式。在旅行过程中，面对真实的大好河山，学生能在环境营造的积极情感体验中观察、想象，让艺术和生活之间找到联系，最终通过美术创作来传达情感、观念。

六、体育学科应如何融入研学旅行

体育学科是一门以身体练习为主要手段，以体育与健康知识、技能和方法为主要学习内容，以培养学生的体育与健康核心素养和增进学生身心健康为主要目标的课程。体育教学可以增强学生的体质，培养学生的生存能力，磨炼学生的意志，这些意义与研学旅行所倡导的方向非常一致。

那么，体育学科应如何融入研学旅行呢？

（一）提供针对训练，增强体能基础

研学旅行要求学生走出校门，走进自然，走向社会。路始于足下，这首当其冲的就是体质和体能。

在研学的过程中，没有一个好的身体，是无法完成一日或者几日的旅行和学习的任务的。如在有爬山项目的研学旅行过程中，经常可以看到，一些体能好的学生能够轻而易举地爬上山顶，而一些体能相对较弱的学生对高高的山顶望而生畏，在途中多次休息后，往往还是无法到达山顶完成任务。体育学科，通过固定的场地，一定的锻炼时间，根据不同年龄阶段的学生，采取相应的体育锻炼手段，发展学生身体基本活动能力，促进体能的发展，为研学旅行的顺利开展提供了体能保障。而且，体育课几乎是在室外开展的，利用阳光、空气等自然环境来锻炼学生的身体，相比于其他学科课程，体育学科授课环境与研学旅行的真实场景更为接近。

研学旅行前，还可以有针对性地开展一些体育活动。比如，有爬山项目，可以在出发前的体育课上锻炼长跑训练耐力；有划龙舟项目，可以在校内先练习拉单杠锻炼臂力。

（二）融入体育项目，丰富活动方式

研学旅行属于综合实践活动课程，是以活动为基本形式、以实践为主要环节、以综合为重要特征的课程。体育学科是一门实践性极强的学科，也是以活动为基本形式，在形式上与研学旅行有着很多相似之处。在研学旅行中，把体育运动的形式融入研学旅行，不仅能增加研学旅行活动的多样性、趣味性和竞争性，还可以提升学生的体育素养。尤其应把传统民族体育融入研学旅行，这不仅可以让学生充分感受体育学科的魅力，还可以为传承中华民族优秀传统文化贡献一份力量。

（三）借助体育精神，锤炼意志品质

体育精神强调遵守规则，而研学旅行是集体活动，组织纪律性不可或缺。在一个团队中无组织、无纪律，将无法正常开展各项活动，从吃饭、住宿到集合时间、队形队列、任务分配等等，都需要组织有序。体育精神强调拼搏与进取，研学旅行是教育活动，自然需要拼搏进取的精神。研学旅行要让学生出点力、留点汗、经风雨、见世面，考验体力的同时更是在考验意志。体育精神强调敢于面对失败和困难，研学旅行过程也不会一帆风顺，在感到困难、碰到挫折、遇到失败时，体育精神可以激励学生正确认识困难，增强克服困难的信心。

在奥林匹克等国际体育赛事上，体育精神还与爱国主义精神休戚相关。将体育项目融入研学旅行的同时，也可以将运动健将在该赛事上为国争光的事迹介绍给学生，用真实的体育精神感动学生，激发学生的爱国主义情感，树立为国争光的集体荣誉感。

（四）借力运动损伤处理方法，普及急救知识与技能

体育运动中，如何避免运动损伤、处理运动损伤是体育学科的必修课。而在户外，如

何避免学生损伤、处理学生损伤也是个重点，体育学科在这个领域有着学科优势。

研学旅行的过程都是在校外进行，有时候可能离医院也有一定距离，遇到突发性的病人或伤者，要根据不同情况采取相应的急救措施（愈快处理效果愈好），然后想办法尽快送医院救治。因此，具备一定的急救知识显得十分必要，体育老师在这个事情上要敢于挑担。在研学旅行的管理团队中，应有人懂得止血、骨折处理、毒蛇咬伤处理、昆虫叮咬或蜇伤处理等方面的基本知识和技能，为病人或伤者减轻病痛，减少意外伤害，降低伤残率。

同时，还应做好健康行为的教育，将损伤事故消灭在萌芽状态。

第二节　研学旅行课程中的管理保障

一、如何应对研学旅行存在的安全隐患

海南澄迈县欣才学校组织学生到文昌市春游，一辆载有 43 名学生的大巴发生侧翻，当场造成 8 名学生死亡、32 名师生受伤的交通事故，涉嫌安全生产责任事故的欣才学校校长潘某、学校投资人于某及其丈夫王某等相关人员被刑事拘留，这一事件给全国高职的户外活动蒙上了一层阴影。

一项关于研学旅行的调查显示，57.1% 的网友把"学生安全"列为研学旅行的首要问题。学生的年龄特征与个性特点处于形成和发展的特殊时期，安全意识淡漠，好动，情绪不稳定，自我防护意识还较差。

安全是研学旅行头上悬着的一把利剑。但学校如果因怕安全事故而不再组织研学旅行活动，就是典型的因噎废食，拒绝承担责任。家长也应该理性对待，不能把所有的责任都推给学校。那么，如何才能应对研学旅行可能出现的安全问题呢？

(一) 避开安全隐患

在研学旅行的实施过程中，存在着诸多的安全隐患，最好的办法就是尽可能地避免出现。

旅游企业组织和操作研学旅行产品应该坚持安全优先的原则，防止过度降低成本、使用劣质的要素产品等不良现象，要做好研学旅行产品的安全风险评估，强化日常风险预防。线路设计上，尽量不要选择没有开发的景点，以免因安全设施不到位而出现意外；也应适度避开人流量大的景区或走人流量大的马路，以免因拥挤推操而发生事故。如涉及跨省等长线旅程，尽量减少学校与目的地省份之间的换乘次数，不建议采用长途大巴送至目的地省份。晚上要住宿的行程，需关注酒店环境，做好学生晚上查寝工作在研学旅行的实施过程中，也可能碰到前期预设中没想到的安全问题，组织人员必须时刻观察，发现问题及时解决。

（二）建立安全责任体系

研学旅行是 11 个国家部门共同推进的活动，在安全保障上也应该共同应对。

《意见》提出，各地要制订科学有效的学生研学旅行安全保障方案，探索建立行之有效的安全责任落实、事故处理、责任界定及纠纷处理机制，实施分级备案制度，做到层层落实，责任到人。教育行政部门负责督促学校落实安全责任，审核学校报送的活动方案（含保单信息）和应急预案。学校要做好行前安全教育工作，负责确认出行师生购买意外险，必须投保校方责任险，与家长签订安全责任书，与委托开展研学旅行的企业或机构签订安全责任书，明确各方安全责任。旅游部门负责审核开展研学旅行的企业或机构的准入条件和服务标准。交通部门负责督促有关运输企业检查学生出行的车、船等交通工具。公安、食品药品监管等部门加强对研学旅行涉及的住宿、餐饮等公共经营场所的安全监督，依法查处运送学生车辆的交通违法行为。保险监督管理机构负责指导保险行业提供并优化校方责任险、旅行社责任险等相关产品。

（三）做好安全教育和防范措施

研学旅行的主要对象是高职学生，这一群体的安全意识还不强，生活知识较为缺乏，盲目性和随意性较大；很多学生心理素质较差，遇到困难或危险不能冷静处理，往往紧张而不知所措；处于叛逆期的学生甚至还会故意表现出与安全要求相悖的行为。

学校的安全教育是增强学生安全意识、提高安全能力的主要途径，学校应以防患于未然的姿态加大安全教育的力度与强度。学校应从纪律和知识两方面入手，既从纪律层面做好安全的管理，又从知识层面提供应对安全问题的意识和策略，加强培养学生的安全防范意识、应急处理能力、防范能力，重视学生心理健康教育，提高心理承受能力。

另外，也可制作紧急联络卡，以备出现安全问题时可根据卡片信息联系到相关人员。紧急联络卡可做三张，一张留给学生自己，一张留给带队老师，一张留给班级其他同学。

（四）建立安全保障队伍

开展研学旅行，学校应根据需要配备一定比例的学校领导、教师、安全员、队医等，也可吸收少数家长作为志愿者，负责学生活动管理和安全保障，最终形成科学合理的户外教育安全保障体系。

二、研学旅行的时间应如何安排

想要开展研学旅行的学校，往往会有这么一些困惑：研学旅行应该安排在哪个时间段呢？每次研学旅行应安排多久呢？每个研学旅行的主题活动应安排多久呢？其实，关于研学旅行时间安排的问题在《意见》中就有提及。

（一）研学旅行应安排在什么时间

在《意见》中提出，研学旅行要尽量错开旅游高峰期，但具体应安排在哪个时间段并没有具体说明。

《国民旅游休闲纲要》发布，其明确提出："在放假时间总量不变的情况下，高等学校可结合实际调整寒、暑假时间，地方政府可以探索安排高职放春假或秋假"，并提出了要"逐步推行高职学生研学旅行"。从该文件看，其倡导研学旅行活动应放在假期，更直接提出要安排春秋假并开展研学旅行。国务院总理李克强在国务院常务会议上明确提出要"合理安排学校寒、暑假等假期，组织好夏令营、冬令营、研学旅行"。国务院常务会议鼓励寒暑假举行研学旅行，这是以往所没有的。

《国民旅游休闲纲要》的发布和李克强总理的倡议提出了要开展研学旅行，而当前研学旅行的形势又有变化，尤其是教育部等 11 部门联合发布的《教育部等 11 部门关于推进学生研学旅行的意见》，对研学旅行又有了新的解读。

有些地区是根据《意见》要求，将研学旅行纳入日常教学规划，如湖北省发文启动高职研学旅行试点工作，要求利用教学时间或综合实践活动课时开展，一般情况下在 3 至 5 月、9 至 11 月等 6 个月中进行，明令禁止在寒暑假及法定假期进行。

（二）每次研学旅行应安排几天

根据《意见》，研学旅行课程在不同学段有着不同的区域范围学习建议，研学活动区域范围的差异，直接影响研学旅行的时间长度。从目前各省市发布的地方性文件来看，各地区对于研学旅行的天数建议存在差异。

（三）每个研学旅行的主题活动应安排多久

研学旅行是一次大的主题活动，大主题之下，还有多个小主题。那么，每个小主题应安排多长时间呢？

研学旅行既要让学生参观旅行，又要体验实践，还要进行研究性学习，不等同于走马观花式的游览。所以，单个研学旅行的主题活动不应给的时间太过紧张，应让学生充分感知情境、体验玩乐、合作讨论、思考探索。一般来说，以半天一个研学景点为宜。如遇攀登泰山等大的山川，则可设置为一天一个研学景点。如果是营地教育，还需根据营地条件进行设计。

三、研学旅行需要配备哪些人员

当您要带着学生外出研学旅行时，可能会遇到这样的困惑—应该配备哪些人员一起出去呢？研学旅行活动要顺利开展实施，就需配备相关人员来管理和指导。一次有质量的研学旅行活动，应包括研学导师、学校领导、带队老师、安全员、家长志愿者等人员。研学导师、学校领导、带队老师、安全员、家长志愿者等人员都是研学旅行的导师队伍，各级导师要通力配合，形成研学旅行师资队伍体系，才能保证研学旅行达到既定目标。

（一）研学导师

国家旅游局发布了《研学旅行服务规范》，文件指出每个研学旅行团队应至少设置一名研学导师，研学导师负责制订研学旅行教育工作计划，在带队老师、辅导员等工作人员的配合下提供研学旅行教育服务。

由于市场的需求，开展研学导师培训势在必行。根据网络调查，目前市场上有三种研学导师培训形式——服务机构内部培训、教育部门培训、国家人力资源和社会保障部培训，这三种形式的培训均有"研学旅行导师资格证"的颁发。但由于没有具体机构监管，当前，"研学导师资格证"的颁发没有统一标准，处于无序自发状态。但在未来的可期发展中，一定会有专门的机构来牵头，有专业部门提供导师证书，导师也应持证上岗。

（二）学校领导和带队老师

根据《意见》，学校自行开展的研学旅行需要配备学校领导和教师。

学校领导在研学旅行过程中起着指挥、统筹等作用，在关键问题上需要"拍板"做出决定。研学旅行中领导的配置，也体现了学校对研学旅行工作的重视，可以让学生、家长、老师更放心。

根据《研学旅行服务规范》，每20位学生宜配置一名带队老师，带队老师全程带领学生参与研学旅行各项活动。带队老师应是最熟悉学生的群体，是学生研学旅行中最直接的组织者、管理者、指导者、保障者。

但由国家旅游局制订的《研学旅行服务规范》，其中所述的带队老师未明确规定是学生的在校老师，这与教育部介入后的研学旅行形势有所不匹配。学校老师成为带队老师，不仅可以更有针对性地指导学生开展研学活动，也可以校内校外结合更立体地开展学生评价工作，还可以与学校、家长、学生等多方联动处理研学旅行过程的问题和困难。因此，建议由学校老师担任研学旅行的带队老师，在师生比设置上也应更符合小组学习的需求。

另外，带队老师也是最适合成为研学导师的人群，所以在实际的操作中，研学导师与带队老师可以统筹协调或者合二为一。

（三）导游人员

导游的主要工作内容为引导游客感受山水之美，解决旅途中可能出现的突发事件，并给予游客食、宿、行等方面的帮助。按业务范围划分，导游人员分为海外领队、全程陪同导游人员、地方陪同导游人员和景点景区导游人员。

对于研学旅行而言，全程陪同导游和地方陪同导游（也可能是合二为一）在整个研学旅行活动的调度上起着重要作用，既要为学生安排落实食、住、行、游等各项服务，还要处理旅行期间出现的各种问题；既代表旅行社的利益，履行合同、落实旅游计划，又肩负着维护旅游者合法权益的责任；旅行社与饭店、餐馆、游览点、交通部门、商店、娱乐场所等旅游企业之间的第一联络人也是导游（主要是地陪），他在各旅游企业之间起着重要的协调作用。相比其他形式的旅游活动，研学旅行活动中导游的定位更应偏向于一线的后勤服务人员。

（四）安全员

国务院安全生产委员会要求把安全知识普及纳入国民教育，建立完善安全教育和高危行业职业安全教育体系。安全员要以"安全第一、预防为主"为方针，在研学旅行过程中随团开展安全教育和防控工作。

研学旅行中的安全事故可分为两类，即人身安全事故和财产安全事故。人身安全事故包括生病、伤亡事故、交通事故、治安事故、火灾事故等，财产安全事故包括钱物丢失、被盗、被抢等。人身伤亡事故是发生频率最高的安全事故，最常见的有攀登失足、山路拥挤、林中迷路、溺水伤亡等。安全员应熟悉安全知识，调查研学旅行中的不安全因素并提出改进意见，在行前、行中做好充分的安全教育宣传和提醒工作，发生重伤以上事故时，应组织抢救、保护现场并及时上报事故情况。

虽然国家没有做出规定，但在不少研学旅行活动中，专门配备了全程随队医生。随队医生需携带常用药品和医疗器械，熟悉有关出行中常见生理异常现象的相关知识，如晕车、晕船、晕机和水土不服引发的各种症状。

（五）志愿者

研学旅行可以吸收一定数量的家长作为志愿者，为活动的顺利开展保驾护航。

研学旅行的顺利开展，需要更细致的人员配置和分工，可根据实际情况做出增删调整。

四、如何选择研学旅行的点、线、面

研学旅行去哪儿？这是个让人头痛的问题。解答这个问题，需要考虑研学旅行过程中的点、线、面。

（一）找准研学点

从"点"上讲，可以界定为每一个独具风格的景点、营地、基地。研学点直接决定着研学和旅行的内容，也影响着研学旅行开展的方式和质量，是研学旅行的基础。

研究国家旅游局和教育部推荐的首批研学点，可以发现红色旅游占据了半壁江山，反映出国家对于红色教育的重视。当然研学旅行的主题是多种多样的，研学点的选择应根据主题而定。在推崇全域旅游的今天，研学点也可以不必是景点、营地、基地，甚至可以是无人问津的地方。

（二）选好旅行线

要让学生能够在最短的时间获得最大的研究性学习和旅行体验的效果，就得利用交通线串联起若干研学点或城市（镇），使整个研学旅行活动路线合理而有特色。

评价旅游线路设计成功与否，主要看三个方面：一是行程是否合理，二是价格是否合理，三是学习安排是否合理。一条好的研学旅行线路的设计要符合以下几大原则。

1. 主题性原则

线路主题名称与研学内容保持一致性，宜实不宜虚，使学生能有效识别旅行线路的学习目标。苏州市某机构开发的"21天穿越中国"研学旅行项目，从连云港出发一路向西到霍尔果斯口岸，从东部季风区到西部干旱区，从平原区到高山、高原区，从汉族集聚地到少数民族地区，线路设计十分切合"穿越中国"的主题。

2. 布局合理原则

研学旅行线路什么走向、怎样停顿，关系到研学旅行的效果。在线路布局上，应注意选择适量的研学点，行程过满会使人疲劳且学习过程不充分；各研学点相隔距离不宜过长，不然时间和费用会较多地浪费在交通上；要尽量运用不同的交通工具组合，避免重复经过同一旅游点。尤其要注意的是，研学旅行在每个活动上不仅要旅行，还需要研学。因此，和普通的旅游相比较，它所花费的时间更多，线路设计上应充分考虑这一点。

3. 安全性原则

出门旅行，安全最重要。在出发前，应对研学线路进行风险评估，拟定安全规范，建立应急预案。在遇到突发的安全事故时，应在与师生充分沟通和对线路十分了解的前提下，做出线路调整。

另外，研学旅行线路还应遵循效益性、市场性等原则。

(三) 划定区域面

研学旅行必须是在一定的区域范围内开展的。选择的区域面，可以从同质和异质两个视角划定。

选择同质区域，可以在相同或高度近似的自然地理环境和人文地理环境中观察环境、体验文化内涵，形成对事物和现象的统一认识，从而发现规律。如杭州市诗远研学旅行有限公司开发的"钱塘文化"研学旅行项目，它以钱塘江为线、以钱塘文化区域为面，在这样一个同质的文化圈内，让钱塘文化元素集合亮相，从而让学生了解母亲河流域的开发治理现状，深入感受家乡浙江的璀璨文化。但需注意的是，同质区域的研学旅行，应避免同质研学点的出现。

选择异质区域，可在区域的对比中深化对区域差异的理解。"穿越秦岭"研学旅行通过徒步穿越、观察研究等活动，可以让学生更直观体会我国南北方的地理与文化差异。

五、研学旅行经费从哪儿来

让学生缴费，让学校收费，这一直是个敏感的话题，牵动学校、老师、学生、家长等各方的神经。

教育部等11部门在《意见》中指出，各地可采取多种形式、多种渠道筹措学生研学旅行经费，探索建立政府、学校、社会、家庭共同承担的多元化经费筹措机制。但目前来看，执行遇到了很大的阻力。

怎样处理研学旅行经费问题呢？

第一，大力宣传研学旅行的目的和意义。通过媒体宣传、学校宣传、家长会宣讲等方式，让学生、家长、教师和社会各界认识到研学旅行对于培育学生的积极意义，了解研学旅行是纳入国家必修课程体系的，在经费等各方面以求理解和支持。

第二，政府确立研学旅行专项资金保障。建立起公共财政对研学旅行的经费保障机制，划定研学旅行的专项经费；要形成监督问责机制，确保经费的到位和使用；要制订详细的学生个人经费标准。

第三，积极争取经费支持。接待单位应降低费用项目标准，旅行社也要积极实施减免优惠政策，鼓励通过企业捐赠、基金捐赠和个人捐赠等方式增加经费来源。

第四，在经费有限的情况下提倡短期短途研学旅行。在现阶段经费筹措困难、资金有限的情况下，学校特别是农村学校可以根据当地资源情况，因地制宜就近选择活动地点，安排短期研学旅行，压缩费用减轻学生家庭负担。

六、研学旅行中集体住宿应如何管理

一天以上的研学旅行活动，必然要涉及住宿问题。在异地，如何保证一大群学生的集体住宿安全是个很重要也很难办的问题。而且住宿不仅是涉及选择宾馆这么简单，还涉及安全问题、卫生问题、纪律管理问题、晚上活动问题等诸多问题。解决研学旅行的住宿问题，首先得挑选合适的宾馆，其次入住后得加强学生管理，最后还得安排一定的活动让学生有事可做。

（一）选择安全、卫生、舒适的宾馆

根据《研学旅行服务规范》，宾馆选择应以安全、卫生和舒适为基本要求，需提前对住宿点进行实地考察。建议选择三星级以上宾馆，房型最好为两人标间，有独立卫生间、有线电视，有不受约束的洗热水澡条件，周边环境需安静且无安全隐患。如果不是选择宾馆，而是选择营地，最好选择规模较大、社会效益好的单位。如需露营应在实地考察的基础上，对露营地进行安全评估，并充分评价露营接待条件、周边环境和可能发生的自然灾害对学生造成的影响。

有几种情况需要避免：周边人烟稀少，基础设施不完善、太过于偏僻的郊区宾馆，应谨慎选择；客房较少，学生需分散居住，管理上不方便的宾馆力求避免（一般一次出行学生住宿分流不超过两个宾馆）；住宿条件差且居住人员情况复杂、安全隐患多的宾馆一定要避免。

（二）加强住宿管理指导

如有可能，宜安排男、女学生分区（片）住宿，女生片区管理员应为女性。晚上要求

学生必须在规定时间前返回宿舍，晚上点名后未经允许不得私自离开。还要提醒学生注意以下问题：晚上睡觉前应检查门窗是否关好；不能在床上蹦跳、打闹，避免受伤；不能用手触碰电源插孔，避免触电；洗澡应先放冷水再调节水温，避免烫伤；不准使用蜡烛等明火。每晚需安排工作人员值班，加强巡查和夜查工作。

宾馆是公共场合，有些问题不会涉及安全问题，但会影响公共秩序和他人。要求学生严格按照分配的房间进行休息，严禁私自调换房间或是拼床进行休息；严格按照作息时间休息、起床，禁止在宾馆内追跑打闹、大声喧哗；不能在宾馆内搞恶作剧，不能破坏宾馆内的设施设备，违者将照章赔偿；合理使用手机，不要影响自己和他人休息。

一个新的环境，很多学生能够很快适应，但不要忽略了或许有个别的孩子，特别是性格内向的孩子，无法很快融入新的环境，应对他们予以关照。

(三) 开展晚间活动

抵达住宿酒店到晚上就寝，往往还有几个小时的时间，如何合理安排这个时间段的活动至关重要。因为这个时间段的活动不仅可以让研学旅行过程更丰富，还可以有效减少学生自行外出带来的管理难题。以下活动可以考虑开展。

1. 组织娱乐晚会

白天旅途劳顿，晚上的活动可以轻松、休闲，如观看露天电影、开展游戏活动，组织娱乐晚会等。如举办晚会，主持人即可从学生中选拔，节目可以来自营地、景区，也可以来自师生。每个研学小组提供一定数量的节目，可以是唱歌、跳舞、朗诵等多种形式。节目过程中也可穿插各类游戏，以活跃气氛。通过晚会，可以发现有文艺才干的学生，也可以增进师生之间的友谊。

2. 开展星空观测

如果是在远离城市的乡村、山区，晴朗的夜晚非常适宜安排星空观测活动。今天的学生，很多都缺乏对自然环境的观察，尤其是城市学生，由于光污染等影响，星空观测缺乏条件。开展星空观测，既可使用天文望远镜等设备，也可以使用"星图""星际漫步"等手机 APPO 对浩瀚宇宙的好奇，是每个学生都有的；对星空的观测，也会成为学生研学旅行途中难忘的一课。

3. 进行课题研究

研学旅行的内涵是研究性学习，学生在白天的旅行过程中观察到的信息、调查到的资料、讨论出来的结论，都需要整理、沉淀、研究。研学旅行过程中的夜晚，安排课题研究是十分有必要且重要的。建议以小组为单位开展活动；活动可以是当天研学旅行过程中发现的问题的汇报，也可以是对大课题分期进行汇报；学生可以自备电脑，也可以用手机下载 WPS 等软件辅助开展；老师需做好指导工作。

另外，还可以开展小组合作做晚饭、组织专家报告、听当地人讲故事等活动，丰富夜间研学旅行的活动。

七、如何开展研学旅行的开营仪式和闭营仪式

有头有尾，有始有终，这是做事的基本规则，就像上课了要喊"老师好"，下课了要喊"老师再见"。好的研学旅行可以从开营仪式开始，到闭营仪式结束，在一定的仪式中让研学旅行"有始有终"。

那么，如何开展开营和闭营仪式呢？

（一）开营仪式的主要内容

开营仪式标志着研学旅行的开始，往往放在师生出发前第一次集中时间。开营仪式承担着介绍研学旅行的主要行程、学习内容、注意事项等内容的职责，如果学生与学生间不够熟悉，则还需要开展一定的游戏进行"破冰"。

开营仪式可以设计以下环节。

1. 领导致辞

领导在开营仪式上致辞，可以向学生传达出学校对研学旅行十分关注的信息。领导致辞一般从研学旅行的意义、应避免的安全问题、需注意的纪律事项等宏观角度进行介绍，主要职责是让学生明确研学意图、领会安全第一的原则。

2. 老师介绍

老师跟随学生外出研学旅行，跟学生接触十分频繁，因此，老师首先要做个自我介绍，让学生知道老师叫什么、电话多少。老师也是研学旅行课程的直接执行者，在开营仪式上，应重点介绍行程的安排、学习的内容、学习的要求等跟研学旅行直接相关的内容。

3. 破冰游戏

破冰游戏是一种打破人际交往间怀疑、猜忌、疏远的藩篱的游戏，就像打破严冬厚厚的冰层。有时候，成功的破冰是整个研学旅行能否达到预期效果的关键。

（二）闭营仪式的主要内容

闭营仪式标志着研学旅行的结束，通常在行程结束前一天晚上进行，以回顾短暂行程中的美好点滴、感恩老师和导游的付出为主题，释放自身情感，留下难忘记忆。

1. 老师总结

在闭营仪式上，老师可以回顾整个研学旅行行程，说说开营仪式上定下的目标的完成情况，介绍一下其中难忘的事、感动的事、有趣的事、欢乐的事，谈谈遇到的困难，说说克服的障碍，总基调以抒情、鼓励为主。

2. 学生发言

可挑选 1~2 名同学代表在闭营仪式上发言。学生可结合自己或自己所在的学习小组，说说体会、感悟，谈谈自己或团队中的故事，发言应展现正能量。如果时间允许，也可以

让每一名学生发言。

3. 颁奖仪式

在闭营仪式上，还可以开展颁奖仪式，以鼓励在研学旅行过程中表现优异的同学。颁发的奖项可以是给个人，也可以给研学小组；可以是侧重奖励学习方面，也可以是侧重奖励精神文明方面；可以是关注学习质量，也可以是关注学习过程，还可以是关注研学成果。

因为整个行程即将结束，闭营仪式上也可以让家长说说孩子的变化，让导游谈谈学生身上的优点，也要注重引导学生对未来学习生活的思考。

无论是开营仪式还是闭营仪式，都得注意因地制宜，充分利用所在地的各类资源。如在学校开闭营仪式，可以让学校领导、家长与学生、老师共同参与，在素质拓展营地可以由培训师组织相关工作，在火车站广场则需要跟保安、民警进行协调。在仪式组织上，还需做好后勤的保障，背景音乐的选择和播放、话筒的数量和话筒电池的保障、主持稿的撰写和主持人选拔等，都是影响开闭营效果的重要因素。

八、研学旅行招评标中应注意些什么

对于采取委托方式开展研学旅行的学校，最好的方式就是通过招标来选择有资质、信誉好的企业合作。作为企业（主要是旅行社），想参加研学旅行的竞标应满足哪些条件？在竞标中应注意些什么问题呢？

（一）学校招标的基本要求

从网络搜索结果来看，安徽省尤其是合肥市在研学旅行招投标上比较重视、规范。根据学校招标要求，可将其归纳为旅行社条件和接待条件两大类要求。

从学校招标要求看，都要求选择知名度和诚信度高的旅行社，同时都要求具备一定的研学旅行操作经验或百人以上团队的操作经验，很多学校还对旅行社的规模提出具体要求。在接待条件上，学校尤其关注交通和住宿的安全，对司机多数要求五年以上驾驶大型客车经验，并多数要求三年无交通责任事故记录，对住宿普遍要求三星级及以上标准，环境安全卫生。

（二）研学旅行评标的要点

研学旅行虽然属于日常教学计划，但目前来看，经费主要还是由家庭承担，所以学校不用或只需动用很少公用经费，其主要职责在于组织招标、竞标、评标等工作。研学旅行评标应关注以下问题。

1. 评标委员会

研学旅行涉及人员面广，评标委员会成员可吸收学校行政干部、教师代表、学生、家长代表等组成。评标委员会可以设主任一名，必要时可增设副主任一名，负责评标活动的组织协调工作。

2. 评标方法

研学旅行涉及吃住行游学等诸多方面，故应选择一家综合实力有保障的旅行社承办。在评标方面建议采用综合评标法，综合衡量投标方的资质、实力、信誉、业绩、市场影响、服务质量、保障措施的完善度，对于低于成本价和明显高于市场价的应予废标。

3. 评标活动

评委依据招标文件中的评标标准对投标文件各项评价进行比较，综合投标单位的设计方案和对招标文件满足的程度、以往的工作业绩和信誉等情况，对每一份投标文件进行综合评价，给出评分，评委会根据评委打分的统计结果，对投标文件排序，推荐中标候选人。

4. 评标报告

评标委员会完成评标后，应当向招标人提交书面评标报告，并由全体评委签字，评标报告应包括以下主要内容：研学旅行项目说明及招标情况、开标情况、评标情况、对投标文件的意见汇总和打分情况、依据评标办法推荐的中标候选人排名、问题澄清及其他相关附件。

学校根据评委会推荐的合格中标候选人名单，指定排名第一的中标候选人为中标人。

不少学校因此专门设置了"研学中心"处室，专门负责学校研学旅行项目的招评标和组织实施工作。

（三）旅行社竞标的注意事项

旅行社参与研学旅行竞标，需要注意以下事项。

第一，提前准备好标书，包括如营业执照复印件、经营许可证复印件、相关责任险保单等材料复印件、旅行社简介、公司法人身份证复印件、从事研学旅行相关证明材料、研学旅行线路方案设计等。

第二，竞标阐述可制作PPT辅助，阐述上要注重两个方面：一是要讲关于教育理念的融入，多说明研学旅行形式背后所传递的教育理念，让老师、家长、学生感到不虚此行、行有所值；二是多介绍安全保障、后勤服务等方面的工作，让学校能够放心交付开展。

第三，可进行简单的展台布置，为在场的评委和观众准备一些产品介绍的宣传册。

九、研学导师应从哪些方面进行培养

导师制与学分制、班建制，被称为当今三大教育模式。其最大特点是师生关系密切，导师不仅要指导学生的学习，还要指导学生的生活。研学旅行是教育和旅行相融合的活动，活动过程中需要有这么一个人——既能具备教师职业的基本技能，又能具备导游职业的基本技能，肩负起学生的安全、思想、学习与生活，实现全过程育人、全方位育人，这就催生了一个新的岗位——"研学导师"。

研学导师的培养，应着重从以下四方面能力入手。

(一) 课程开发能力的培养

研学旅行课程没有固定的教材和现成的方案，研学导师需要从核心素养的高度，根据学生学情和旅游资源特点，进行研学旅行课程的开发设计。

研学旅行课程开发是指通过需求分析确定课程目标，再根据这一目标选择研学旅行的教学内容和相关教学活动进行计划、组织、实施、评价、修订，以最终达到课程目标的整个工作过程。课程开发对于非专业人员来说是十分有难度的事情，理论水平、阅历经验、专家指导、资源条件等都是限制因素。而相对于校本课程开发，研学旅行课程开发更需要对真实环境的了解，更需要实践环节的设计。

传统的理论讲座培训，只能形成研学导师课程开发的先备知识与理论，而不能形成真正的课程开发能力，如此培养研学导师难逃失败的命运。譬如，一个人想尽快学会开汽车，仅靠了解汽车工作原理或者听一系列有关新车的讲座是学不会开车的。如果要学会开车，就必须通过自己上车练习掌握各种技术。研学导师的培养也应让理论、实践和反思同步，实现知行结合、行思并进、学思并重。

(二) 安全管理能力的培养

安全性是研学旅行的第一原则。如果把研学旅行对学生、老师、学校、社会、国家的意义比作0，那么安全就是1，没有1，后面的0就没有意义。没有安全保障，一切的意义自然也就化为虚有。

研学导师是一次研学活动的"领导"人物，在安全管理上应成为有感领导。有感领导应"说得出"安全知识，让学生"听得到"；有感领导应"做得到"安全行为，让学生"看得见"；有感领导应"用真情"告诉学生安全的重要性，让学生受感染。研学导师成为有感领导，也是需要理论和实践相结合的培训，进行专项的、行之有效的预防训练和预案演练，如消防演习、急救演习、模拟走失场景等。

(三) 组织协调能力的培养

组织协调能力是指根据工作任务，对资源进行分配，同时控制、激励和协调群体活动过程，使之相互融合，从而实现组织目标的能力。

首先，研学导师应培养工作协调能力。研学旅行涉及的范围广、部门多，教育场所从相对封闭单一的校园课堂转变为校外的自然、社会大课堂，情况复杂多变，如果协调不到位，很多活动就难以开展。研学导师需对相关沟通协调工作熟练掌握，确保沟通顺畅，协调有序。其次，研学导师应培养人际协调能力。研学旅行联系着学生、家长、老师、导游、司机、队医、餐厅负责人等很多人员，研学导师不仅需要与这些人员联系、沟通，还应发挥这些人员的能量。最后，研学导师应具备组织能力。研学导师应领导建立分工合作、职责明确的管理人员组织体系，善于挖掘学生领袖和发挥学生特长，对学生如何分组、分组后如何活动、活动后如何汇报等流程非常熟悉，做到组织有序。

（四）综合教学能力的培养

有人说研学导师应具备教师和导游两种职业所具备的基本技能，有人说研学导师是教师、导游、心理咨询师的集合体，有人说研学导师要有教师资格证和导游证两个证才能上岗，无论哪种说法，都说明了研学导师应具备一定的综合能力，尤其是综合教学能力。

首先，研学导师应具备扎实的知识讲解能力，其中包括学科知识、教育学知识、心理学知识，还需要建筑学、考古学、经济学、民俗学等领域的知识。研学旅行要联系书本、拓宽视野、学习技能、体悟观念，必然少不了研学导师的讲解。研学导师应充分备课，想给学生一杯水，自己应有一桶水；讲解应追求故事化、趣味化、幽默化，最大程度吸引学生、感染学生；同时讲解上还得注意控制，不能"满堂灌"，要给学生留下思考和研究的空间。平常，研学导师就得多看书、多关注研学点动态、锻炼语言表达能力。其次，研学导师要培养综合实践活动指导能力。研学旅行的实践体验活动和研究性学习如何开展，影响着研学旅行的成败。对于实践体验活动，研学导师需要自己提前体验，了解活动背后的知识、方法、意义；对于研究性学习，应研读理论、观摩成果，从而更好汲取营养，以便于更深入地指导学生。第三，研学导师还得具备评价能力，能发现学生优点，指出学生不足，促进学生发展。

对研学导师的管理，要从编制身份到培训考核，从课程组织到具体实施，进行全方位的管理，不留漏洞。由于国家政策的引导和市场的需求，未来研学导师的发展方向，必然是要有专业部门提供的导师证书，持证上岗。

第八章　研学旅行学校指导

第一节　研学旅行学校工作规程标准

规程，简单说就是"规则"和"流程"。流程是为了实现特定目标而采取的一系列前后相继的行动组合，是由多个活动组成的工作程序。规则包括工作的要求、规定、标准和制度。可以说，规程就是依据一定的标准，将某一项工作设置为一套程序，贯穿一定的要求，达到工作的规定。规程能保证一项工作安全、有效地完成，各领域都有自己的工作规程，如《电力安全工作规程》《税务稽查工作规程》等。国家旅游局制定了《研学旅行服务规范》，该标准对服务提供方基本要求、人员配置、研学旅行产品、研学旅行服务项目、安全管理、服务改进和投诉处理等各个方面都做出了详细规定，以保证研学旅行行业的服务质量。适用于我国境内所有组织开展研学旅行活动的旅行社和教育机构。

研学旅行是一种特殊的教育活动，因离开校园、离开所在城市甚至所在国家外出游学，因此，教育行政部门和学校制定一套规程以保证活动安全和风险防控是十分必要的。

教育部等11部门印发的《关于推进学生研学旅行的意见》（以下简称《意见》）提出，需要规范研学旅行组织管理。要求各地教育行政部门和高职探索制定学生研学旅行工作规程，做到"活动有方案，行前有备案，应急有预案"。可以说，这"三案"的要求是最粗略的规程，每一项下面，又要细化为若干可落实的标准和流程。

一、制定活动方案

活动方案是指为某一次活动所制订的书面计划，包括具体实施步骤、办法、细则等。活动方案中应对各个环节和具体流程进行规定，以保证活动的顺利进行'根据活动面向的对象和活动内容不同，活动方案的详细程度和具体内容要求也有所不同。但一般的活动方案通常都包括时间、地点、目的、内容、形式、参加人数、活动组织、活动反馈等。

（一）活动方案基本要素

研学旅行涉及组织未成年人参与，安全和保护任务需要完善到位，因此制定这类学生活动方案时，在安全措施方面的要求也需要格外细致。研学旅行活动方案一般包括的内容有：（1）活动主题；（2）活动对象；（3）活动的目的及意义；（4）活动时间、地点；（5）活动形式；（6）活动内容概述；（7）行程安排（行程、餐饮、交通）；（8）组织机构和职责分工；（9）安全教育措施；（10）安全负责人姓名及联系方式。

（二）活动方案参考样例

研学旅行活动方案可繁可简，字数可多可少，但要保证基本要素齐全。应根据出行距离、天数、人数等不同的活动规模，分别对每一个方面进行周密安排，并落实在文本上。共性的活动方案要包括基本要素，个性化活动方案可以添加特殊活动内容。

二、向教育行政部门报批备案

学生研学旅行活动一般由区县级教育行政部门审批。区县教委（教育局）对学生集体外出活动会有统一的备案要求，一般是要求提前 10～15 天备案。会提供标准格式的备案表，要求学校填写学生外出时间、外出人数、活动地点、外出活动名称，交通方式、车（船）数量、车（船）租赁公司名称、委托第三方公司名称等。

（一）备案制度要求

为了规范全区教育系统学生集体外出活动管理工作，保障师生安全，区县教委（教育局）会制定《学生集体外出活动备案管理办法（试行）》等制度文件，对所辖区域的教育系统各高职、职业学校、学生活动中心等组织学生集体外出活动提出统一要求，要求各学校根据学生外出目的和学习任务，在集体外出活动前，到教委相关部门办理备案手续。如果涉及体育、科技、艺术等活动应该报体育健康科、美育校外科备案，涉及德育主题教育、军训等活动应报德育科备案，高职一般性集体外出应该分别到中教科和小教科备案。学校在各相关科室备案后，还要到食品安全科和安全保卫科等相关科室备案。

（二）备案内容要求

一般情况下，教育行政部门对于外出研学备案审查的内容有：（1）家长通知：收费的要写上收费总额和明细；不收费的写明费用学校负责。研学旅行是学校的规定课程，本着自愿原则，不参加的同学按时到学校上课。（2）踩点说明：写明有无危险，怎样处置。（3）食品安全预案：考察服务餐饮饭店是否有食品经营许可证、餐饮服务许可证、卫生许可证（餐饮）或三证合一。（4）住宿宾馆的营业执照。（5）交通安全预案。（6）集体外出申报表。（7）实践方案，包括年级的安全预案。（8）外出活动安全工作应急预案。

（三）备案材料准备

教育行政部门一般要求组织研学旅行的学校向区教委提交的备案材料有：学生集体外出活动备案表、汽车租赁合同、学生外出活动安全责任书、学校研学踩点说明、学校主题研学活动安全工作预案、学校研学活动交通应急预案、研学活动住宿安全应急预案等。

三、制定应急预案

应急预案指面对突发事件如自然灾害、重大事故、环境公害及人为破坏的应急管理、指挥、救援计划等。研学旅行中的应急预案是指应急管理预案，主要是针对交通安全、住宿安全、食品安全、特殊天气等方面的情况预先拟定出应对方案。目的是为了强化活动的安全管理，增强指导教师和参与活动的学生的安全意识，有效应对各种突发情况，确保师生的人身安全和活动的顺利进行。这类应急预案详细描述事故前、事故过程中和事故后何人做何事、什么时候做及如何做。这类预案要明确制定每一项职责的具体实施程序。一旦发生相关的事故，按照预案中的程序和方法处置，以保证临危不乱。

（一）应急预案要求

在活动过程中，研学旅行应急预案中提出的应急措施必须落到实处，以利于及时应变。应急预案必须设定应急小组及职责分工，组长为处理突发事件总指挥，其他成员各司其职，发挥作用。突发事件处理原则为：（1）保持镇静、沉着应对；（2）学生优先；（3）就地抢救；（4）报警、求援；（5）维持秩序、迅速疏散。

交通是研学旅行中最有可能出现问题的。学生研学人数多，在远离所在城市发生意外情况时，要启动领导小组、随队教师等不同分工的工作响应机制。发生交通问题时，车辆故障处理、交通事故处理、报警及信息联络等环节，按照预设的处理流程和措施执行。需要将领队和随团教师的电话全部公开给随团学生和家长。

住宿应急预案主要是针对在酒店遇到火灾、地震等事故需要紧急逃生和综合应对，也要针对踩踏、失盗等事故制定相应的处置流程和措施，全方位做好事故防范工作。

（二）应急预案内容

预案应设定题目，也可以是住宿预案或其他预案。

预案中应明确写出研学活动的基本信息，包括时间、地点、活动范围和参加人数等。最重要的是应急小组及职责分工情况，需设立领导小组。对于发生意外事件的各种应对措施和流程，应该尽可能详尽和科学合理。一旦发生事故，领导小组需维持现场秩序，指挥学生撤至安全地带；保护好事发现场，协助公安做好现场的勘察；负责家长、公安、医疗、保险等各方接洽，妥善处理善后事宜；最后还要写出书面报告，总结经验教训。

随队指导教师工作要听从组长指挥，配合组织学生迅速撤至安全地带；要维持现场秩序，做好学生的情绪稳定工作；要组织护送受伤学生到医院检查、诊治；还要保护好事发现场，协助公安做好调查取证工作等。

应急预案的主体是如何应对交通、住宿、踩踏、恶劣天气等各种事故的发生，假设事故发生，将会采取哪些措施，都要制定出一定的流程和工作标准。这部分内容可以参见第七章《研学旅行安全保障与管理》部分内容，里面有详细的案例可供参考。

除了一些人为原因或管理不善导致的事故，自然灾害也是安全防范的重点之一。学校组织学生研学旅行应少去自然灾害易发的地区，如近年地震活跃地区，海啸可能波及的地区；也最好不要组织冒险性的观赏活动，如观潮等；避免去热点风景名胜区，以防止游客过多发生踩踏事件威胁学生安全。

但是，有一个很难防控的自然因素就是气象灾害。虽然现在可以查阅到较长时间的天气预报，但是时间跨度越大，天气预报越不准确。而长距离的研学旅行一般是在学期初就纳入教育教学计划了，所有的准备工作都要提前两三个月甚至更长时间着手。因此，无法轻易改变时间。这就使得防止恶劣天气成为必要的安全考虑要素。虽说活动前几天可以了解到活动期间当地的天气预报，可以根据天气情况让学生做好相应准备活动，但是预报毕竟是对概率的预测，灾害天气的发生常常让人措手不及。因此，针对可能出现的恶劣天气的研学活动预案也是不可缺少的。

四、做好研学旅行各项准备工作

组织一次外出研学活动需要精心策划，周密部署。研学旅行活动虽然出去一周左右甚至更短，但是准备阶段需要花费很长时间。从课程设计策划、实地考察踩点、活动方案制定，再到研学活动成行，各种安全预案的制定、报批，组织学生报名，与家长的沟通，研学服务机构的招标等，一系列烦琐的准备工作，一般要花几个月的时间。当然，研学旅行活动中的几天是最关键的环节，几个月的时间都是为这几天能有更好的安全保障和学习效果。

(一) 组织工作准备

一是学校召开专题会议。校长是研学旅行活动的第一责任人，校长要组织干部专门研究审核活动各项方案、预案，责任到人，留存会议记录。

二是安排适当的教师配比。如果一所学校初次组织研学旅行，师生比例也可以大一些。师生配比应根据学生不同的年龄阶段做出合理的安排。

三是确定带队领导。处于安全重要性的考虑和组织学生群体外出责任重大，研学旅行活动应该由副校级及以上领导带队，有的组织研学旅行，是校长亲自带队，与学生一起出发，一起返校。

四是遴选合作单位。应该直接与政府定点采购资质的租赁公司签订租车（船舶）安全协议。如果委托第三方组织活动，要与其签订安全责任书（旅行社、接待方）。

(二) 活动安全准备

一是制定活动安全方案、突发事件处置预案，包括交通、防恐、防伤害、防踩踏、食品安全等方面的预案，并存档备查。

二是在活动前对全体师生进行有针对性的安全教育，这是必须做的环节，要列出隐患重点，并安排人员采取预防措施。

三是按照相应的标准要求做好安全准备工作。安排专人（副校级以上领导）做好考察踩点工作，做到对活动地形地貌、空间（面积）、逃生通道、天气状况、消防设施、就餐地点、疏散集合地点、就近的医疗机构位置及联系方式等心中有数。临时变更活动地点或活动路线的，需重新踩点。如遇恶劣天气应暂停外出活动。踩点人员必须全程参加活动。

（三）生活保障准备

一是对用餐的合理安排。集体用餐必须在有资质的餐厅用餐，并留存就餐地点有效资质，如工商营业执照、餐饮单位的相关许可证明等。踩点考察时，最好能将各种预选菜品"试吃"一下，以使本地学生到外地能够适应减少当地餐饮过于浓重的酸辣口味。遇军训、集训、表演等情况，应签订供餐合同书，留存送餐公司有效资质。

二是关于住宿的选择和安排。住宿必须选择有资质的宾馆，并留存有效资质。宜选择安静的地区，不宜选在闹市中，但也不宜过于偏僻。

五、为研学旅行活动购买保险

（一）购买保险必要性

外出研学毕竟不能保证百分之百安全，即使主观上做到万无一失，也要防范不可预测的小概率事件发生，构筑全方位的安全保障防线才是正确之道。《关于推进学生研学旅行的意见》（以下简称《意见》）和《学生赴境外研学旅行活动指南（试行）》（以下简称《境外研学旅行活动指南》）等组织学生实践活动的相关文件中，都规定了要为学生购买保险。

（二）购买保险种类

《意见》中要求"建立安全责任体系"，指出各地要制订科学有效的学生研学旅行安全保障方案，探索建立行之有效的安全责任落实、事故处理、责任界定及纠纷处理机制。对学校提出了明确要求，学校负责确认出行师生购买意外险，必须投保校方责任险；要求保险监督管理机构负责指导保险行业提供并优化校方责任险、旅行社责任险等相关产品。《境外研学旅行活动指南》也提出，境外研学旅行的举办者要为学生全员和带队教师购买涵盖活动全程的医疗保险及意外伤害保险。

六、赴境外研学旅行要求

教育部等11部门发布的《关于推进学生研学旅行的意见》，只适用于国内研学。针对出国出境研学的要求，教育部发布了《学生赴境外研学旅行活动指南（试行）》这份文件，共20条，规定了境外研学旅行的性质、范围、研学目的地选择、课程学习内容、学习时间、与第三方的合作规范、安全管理要求、文明礼仪教育、师资配比要求、活动组织程序和家校沟通要求等。

学生赴境外研学旅行活动（以下简称"境外研学旅行"）是指根据学生的特点和教育教学需要，在学期中或者假期以集体旅行和集中住宿方式，组织学生到境外学习语言和其他短期课程、开展文艺演出和交流比赛、访问友好学校、参加夏（冬）令营等开阔学生视野、有益学生成长的活动。

（一）境外研学旅行学习内容

学生赴境外研学旅行，应有特定的目的，且是国内研学旅行无法实现的情况下才选择去境外。《境外研学旅行活动指南》第二条规定，境外研学旅行应当以加强国际理解教育，推动跨文化交流，增进学生对不同国家、不同文化的认识和理解为目的。考量境外研学旅行活动是否有必要，应遵循三个基本原则，即：有利于促进高职的对外交流与合作，丰富高职的课程内容和社会实践，增进与国外学生的交流和友谊。

《境外研学旅行活动指南》第六条规定，境外研学旅行要注重活动特色，丰富教育内容，可以选择或者包含环保、科技、人文、自然、历史、文学、艺术、体育等主题的友好交流活动。

选择境外研学旅行目的地，应在兼顾气候、交通、卫生、语言、食宿等的基础上，优先考虑环境安全、友好、文化内涵丰富、教育教学水平较高的国家和地区，注重体验多样性文化。

（二）境外研学旅行学习时限

赴境外学习相对国内游学，由于距离远或出入境等因素影响，往返路途中耗时较长，加上转机等其他因素影响，纯粹学习时长受到一定的局限。

我国学生如果赴欧洲、美洲、大洋洲等较远的国家研学旅行，路上时间较长，交通成本较高，去一次不太容易。因此，如果从经济效率考虑，似乎出境一次多学些时日，可以使交通成本发挥更大效益，进行深入学习。但是，考虑学生的身心特点和承受能力，《境外研学旅行活动指南》对不同年龄段学生学习时长和目的地国家、城市等也做出了具体规定。

（三）境外研学旅行组织程序

境外研学旅行的举办者要关注政府部门发布的预警信息，规避战争、疾病、灾害等存在安全隐患的国家和地区。

各学校组织学生赴境外研学旅行活动，申报、审批和办理过程比国内研学所花费的时间要多，程序也更为复杂。一般应由区县教育行政负责国际交流的部门办理，还要经过地市级和省级外事管理部门的审批。

《境外研学旅行活动指南》对家校沟通方式提出了明确要求，第十三条规定，境外研学旅行的举办者事先要以书面形式将活动内容、境外食宿安排、所需费用（含保险费用）、文明安全等事项告知学生和家长。学生家长要审慎选择境外研学旅行活动－并向举办者提供书面的署名同意书和学生健康证明。

第十四条规定，境外研学旅行活动的举办者要与学生家长就监护权委托等事宜依法签订协议，并可就学生违反团队规则或者因离团发生意外的责任归属和处置办法等依法做出书面约定。第十五条规定，举办者要在行前向家长介绍活动行程和注意事项，提醒家长保持活动期间联络方式畅通，做好学生行前准备工作。第十六条规定，在境外期间，举办者要通过适当方式向学生家长及时沟通活动进展情况。条件允许的，可以每天向学生家长通报情况。

由于语言障碍、文化差异、地址不熟等多种不利因素影响，安全教育对于境外研学旅行来说更为重要。《境外研学旅行活动指南》第十五条要求，举办者要做好学生、家长的行前培训和说明工作。包括加强学生的安全教育，以手册、讲座等多种形式指导学生熟悉必备的安全知识，注意保管好个人证件和随身物品，牢记带队教师和我国驻外使领馆以及当地报警电话，掌握当地交通、公共安全、饮食等基本常识，留意交通工具和住所的紧急逃生路径或出口，规避和远离危险区域和场所，知晓应对突发情况的自我保护措施和求助方式等。

第十六条也明确要求，举办者要建立安全责任机制，制定突发事件应急预案；要做好相关信息的备份工作，以备遇到突发情况能够及时提供。

(四) 境外研学旅行教师配备

学生赴境外，离开了父母，离开了学校，带队领导和教师就成为孩子的临时监护人，必须对孩子的安全、学习、生活全权负责。关注孩子对境外气候、环境的适应情况，保证交通、饮食、住宿、学习交流的安全，并需要安抚学生的想家情绪，因此，随团教师的工作量要比国内研学大得多。师生配比也比国内研学大一些。

《境外研学旅行活动指南》第十七条规定，举办者要为赴境外研学旅行团组配备随团带队教师，并指定1名带队教师为领队。

学校安排赴境外研学的带队教师，除了数量上可以多于国内研学，在选派的教师素质上还有特定的要求，比如，出境带队教师要熟悉目的地国家和地区的情况（含相关法律规定情况），具备强烈的责任感和较强的执行力，拥有良好的语言沟通能力和组织协调能力。因为，在境外期间，领队和随队教师不但要协调落实计划中的教育教学活动，还有可能遇到一些意外情况，届时就要临机处置和排除交通及其他安全隐患，这就需要领队教师要丰富的经验和预判决断能力，还要有良好的组织纪律性和临危不惧的心理品质。遇有危及学生人身安全或其他紧急、突发情形的，领队和带队教师要采取必要的处置措施，并在第一时间向我驻外使领馆和举办者报告。领队教师还要有较强的组织领导能力，将随队教师做好分工，包括安排很多具体性工作，如配备应急药物，关注学生的饮食卫生，并常备护照复印件等学生信息等。

(五) 境外研学旅行文明礼貌要求

赴境外研学旅行是一种国际交流活动，要展示我国学生良好的文明礼仪和美好形象。尤其对于文化差异和风俗习惯较大的国家，要对学生讲解一些禁忌。《境外研学旅行活动指南》第十五条要求举办者要加强学生的文明出游教育。学校要以中国公民出国（境）旅游文明行为指南和"文明旅游十大提醒语"为重点，指导学生学习文明出游知识，掌握基本文明礼仪和目的地风俗禁忌等常识。强化团队精神和纪律意识，提升展示中国青少年良好风貌的自觉性和主动性。

中央文明办和国家旅游局联合发布的《中国公民出国（境）旅游文明行为指南》内容如下。应让学生逐条理解，并在实践中努力践行。

中国公民，出境旅游，注重礼仪，保持尊严。

讲究卫生，爱护环境；衣着得体，请勿喧哗。

尊老爱幼，助人为乐；女士优先，礼貌谦让。

出行办事，遵守时间；排队有序，不越黄线。

文明住宿，不损用品；安静用餐，请勿浪费。

健康娱乐，有益身心；赌博色情，坚决拒绝。

参观游览，遵守规定；习俗禁忌，请勿冒犯。

遇有疑难，咨询领馆；文明出行，一路平安。

另外，有的省市也对本地区的精神文明建设提出了要求，如江苏省就出台了《学生境外修学旅行文明素质公约》，内容包括："爱护自然环境，保护文物古迹；遵守各国法规，维护公共秩序；待人礼貌谦逊，言行举止得体；倡导勤俭节约，杜绝奢侈浪费；包容多元文化，学会尊重欣赏；传播中华文明－争当文化使者研学旅行的工作规程和标准有很多，有的是规定性的，如制定活动方案和安全预案，为学生购买保险，与家长书面沟通等；有的是禁止性的，如学校不能从组织研学活动中获益或盈利、不能推脱安全责任，出境研学不能改变行程计划等；有的是倡导性的，如文明出游、展示中国青少年良好风貌等。

第二节　研学旅行师资安排

在研学旅行活动中，师资的作用与课堂教学相似，是决定研学活动效果的核心要素。但需要特别注意的是，研学活动中师资发挥作用的方式与课堂教学有较大差异。

一、研学旅行师资的特殊性

（一）师资构成多样

研学旅行活动的师资可以从狭义和广义两个角度来看。从狭义的职责角度，研学师资主要负责生活及组织的日常保障和活动内容的顺利开展。

就师资来源角度看，主要分为学校老师、第三方机构领队老师、专家指导老师、活动地支持服务老师四类。在有些活动中会有家长参与，他们通常是作为专家指导或者服务支持老师角色出现的。

如果从广义的无边界课堂角度来看，学生在研学活动中接触到的领队教师、专业教师、支持人员、参访对象等，都可以称为研学师资。这个认识上的核心差异关键是取决于研学活动的教学设计，而不仅仅是具体的所谓"岗位或人员"。

（二）教师自主教学

前述内容已经谈到过，师资在研学活动和在课堂活动中都是起到引领作用的关键因素，在研学现场和在教室里，教师具体起到的教学作用的差异，大致可以这样理解：一方面，研学活动的内容和可用资源的丰富性要远远多于课堂教学，这就决定了其可发挥空间要远大于课堂教学；另一方面，研学活动的个性化程度也远高于课堂教学，包括研学的主题选择、活动设计、组织方式等，均有极大的选择和设计空间，这一点决定了教师可以针对学生具体的学习需求来设计和执行具有高度差异性和针对性的活动。

结合这两个特点整体地看研学活动，我们就会发现，如果只是按照照顾好孩子安全和日常生活，选择好内容地点、安排好专业老师开展既定活动的要求，那么研学活动各方面师资的要求确实说不上有多高，只要整合好专业人员做擅长的事情就可以了。而如果按照前述的思维方式，扩展一下这个问题，我们就会发现，无论在设计层面还是操作层面，研学活动本身作为一个新的事物，不是通过既有资源的简单拼接堆砌就能做好的，而是需要各方相关资源的新的能力和成长，需要各方面资源有机地结合在一起发挥作用，只有这样才能够有效地支撑起研学活动这一新的事物。

以前述的戈壁知识竞赛为例，稍微分析一下我们就可以看到，这样形式的活动教学设计需要建立在对资源方深度的熟悉和理解信任基础上，并且事前要经过非常充分的目标、内容和活动形式的沟通。经过这样深度的师资资源挖掘和整合，我们就能够看到一次与通常的民俗讲座或村民家参观探访完全不同的活动。而这个提升，其实就是研学师资在活动中的巨大发挥空间，当我们能够进入到这个空间的时候，就能够得到一次高度丰富、生动和个性化的活动。而从这个层面，我们也就能看到研学师资的质量在活动设计和执行过程中的巨大发挥空间和价值。

研学师资的作用，可以是按部就班地完成一次流程化活动，也可以充满了想象力和创造性，突破知识、工程、艺术和生活的所谓界限，打造出学生和教师永远难忘的旅程。因此，研学旅行中的教与学，研学旅行中的师生互动，都具有传统教学所不及的吸引力，常常是令人兴奋、愉悦和难忘的。为此，特别希望有更多的学校教师能积极投身到研学活动教学当中。

二、研学旅行活动中的师资安排

目前通常的研学师资安排包括校内老师、研学服务机构领队、专业指导老师（通常是专业科研机构或大学的专业老师，或者保护区等机构的专业工作者）、当地支持老师（或讲解员），有些活动也会有家长志愿者参与。

在这几类师资中，因为对于活动内容和环境比较熟悉，通常是专业研学服务机构的领队老师组织负责活动的整体内容，但各项活动的组织实施方案要经过校方负责老师的确认；校方老师因为对于学生情况非常熟悉，通常负责协助组织和随队指导工作；专业指导老师负责专题内容的活动指导和讲授；当地支持老师通常是景区内讲解员和辅助支持老师（如保护区的护林员等）。

在这个组织结构中，最核心的是研学服务机构的总领队和校方的负责老师，校方一般是由主任或副校长带队。因此，他们之间的高度信任和密切协作对于保证活动的顺利开展至关重要。

（一）主题研学专业指导老师

研学活动中可以引入的专家资源很多，从学科角度可以分为天文、地理、植物、动物、生态、民俗、历史、红色、手工艺等专家；在大的方向下又可细分出很多具体的研究方向，如天文可以细分为天文知识、重大天象观测、深空摄影、星野摄影等，还可有相关方面的专家。

从技术专长来看，可以大致分为科研机构的专家、文化遗产及技术专家、民间及民俗指导老师几类。

1. 科研机构专家

典型的是中科院体系内的科研机构及相关各大学科研教学人员等。这类专家专业理论背景很强，科研的前沿性及知识的体系化也很好，但需注意科研机构专家讲座及指导学生做研学时，对课题难度、深度的把握要合适，对课程形式的呈现也应符合学生的认知特点和已有知识结构。这方面需要特别注意，学校与科研机构师资要提前做好沟通。

2. 文化遗产地专家及技师

我国的文化遗产资源极为丰富，作为研学主题内容也是非常值得深入开发的。典型的如丝绸之路、笔墨纸砚制作、景泰蓝、年画工艺、制瓷工艺、考古、剪纸、传统木作建筑等。每个细分内容都会有相应的专家，尤其是地域特征鲜明的手工艺，当地的非遗专家或技师对于深入的研学主题讲授和指导起着不可替代的作用。

3. 民间专家或民俗指导老师

此外，还有一类是民间的专家老师，他们虽然没有官方的正式认证，但因为长期生活在第一线，对实际情况的了解和经历极为鲜活，很接地气。这些老师可以作为深度研学中极佳的民俗知识补充来源，充实和丰富研学活动过程中的指导教师。

（二）学校相关学科老师

学校相关学科老师对于各自专业有着较多的积累，并且他们对学生也比较熟悉，这使他们能够成为衔接专家知识与学生接受能力的转化器。

学校老师不只是组织管理，也可以在研学过程中担任讲解老师，如地理、历史、政治、语文老师，都有可以胜任的。很多学校的研学课程就是教师团队合作设计出来的。当然，非遗技艺类的一般还是依赖于基地人员进行教学。

对于多数学校老师来讲，在研学过程中的主要工作是管理、组织学生，保障学生的安全、健康及良好学习状态和学习氛围。他们的工作大致可以分成三个阶段。

1. 行前管理

行前管理的主要内容是团队出发前的准备工作，这其实是一个标准的流程，大致包括审核确认研学方案，参与教师的筛选，行前教师沟通会，行前全体会，行前课题内容准备，行前组织准备等工作。这一个阶段的工作重点，一个是学校教师团队的组建挑选，另一个是确定与研学服务提供方的协作分工模式。

2. 研学中管理

目前比较普遍的第三方研学机构提供专业服务支持的模式中，研学中学校教师的管理主要集中在整体计划落实的关键点把控，即质量控制和风险意外管理。其中最重要的关键点把控，主要是基于学校老师更熟悉学生情况下的安全方面的控制管理。风险意外管理也是非常重要的一个工作内容，通常容易出现问题的是学生安全意外情况和家长沟通的意外情况。

3. 研学结束后管理

研学结束后的管理通常很容易变成事务性管理。而实际上，就像体验式教学过程的一个核心价值在于事后的总结和分享，研学活动结束后的总结、提升和分享，是非常重要并且高度凝聚研学价值的一项工作，需要仔细设计和操作。在多数研学模式中，学生活动后的日志、总结、标本、心得等的汇总是第一步，之后整体的深入分享和研讨"复盘"是更深入的一步，如果能做到把二次成果在更广的层面进行传播交流，进而获得更深入的反馈，就更理想了。

这第二步的深入分享和研讨复盘涉及内容较为宽泛，在此大致梳理一下。简单地看，分享范围可以通常设定为研学团体内部、年级分享汇报和校级分享汇报；其形式可以是书面报告、讲解演示、专题展览等。无论形式如何变化，其核心目标都是非常清晰的，即活动所得的自我提炼总结和与他人的分享。在这一过程中，建议老师的核心关注点或者说引导点集中在学生的感受和体验，而基于知识或技能上的提高，建议在学生感受的基础上展开。这样考虑的原因在于对研学活动的根本特性的理解：研学活动是与校内学习互为依托和支撑的，校内学习更多侧重在知识技能层面，而课堂外的研学活动更多地侧重在感受和体验层面，研学旅行能够补充和丰富对既有知识的直观认识和理解。

研学结束后，老师还要指导学生撰写报告，完成课题，有的还要在年级或全校范围总结汇报交流分享等。这一部分管理和指导也是很重要的。

上述三项工作是对于多数参与研学活动的老师而言的。对于其他的少数老师来说，最直接也是最有含金量的部分，是能够参与前期的活动主题和线路设计工作。

　　学校老师参与到活动的专业设计或专题指导中时－要特别注意一次活动与整体内容的衔接性。一次高质量的研学活动很像一部成功的演出或者一桌美味佳肴，其关键在于主题的整体质量，而不是局部某个章节或者个别菜肴的质量。因此老师在参与这类"非标准模式"工作时，务必与专业的活动总负责人员保持高效清晰的沟通，明确整体流程和关键步骤及相应要求。

　　这个问题稍显抽象，我们举例说明。例如，云南有着中国最大的原始中山湿性常绿阔叶林原始森林，植被极为丰富。在组织生物多样性主题研学活动中，考虑到学生的活动范围和标本收集、识别能力，组织者最终选择了苔藓（大约有几十种）作为学生的探究课题。校内的生物老师（尤其是植物专业背景的生物老师）在此类活动中应该是非常有经验的，可以单独带领一个植物专题探究活动，但考虑到对探究内容的熟悉程度和整体内容的步骤和把握经验不足，最终决定校内生物老师作为小组指导老师，在专家的整体课程设计引领下，完成相应的主题内容指导，取得了很好的效果。在中国南海进行的滩涂生物多样性调查活动等，也多采用此类模式。

（三）第三方机构领队老师

　　专业的工作需要专业的组织来做，现在的研学活动执行中，通常会引入专业的第三方研学服务机构。一方面专业的研学服务机构能够提供更丰富的研学主题和线路选择；另一方面研学过程中的组织和管理与校内管理差异较大，有经验的专业组织会执行得比较顺畅。就师资角度来讲，专业研学服务机构对其提供的研学主题的实施会更有经验，在实施团队和相应主题的专业资源方面也会更成熟。

　　从研学活动的整体执行方面看，学校教师团队与研学服务团队的前期沟通质量、分工模式和执行中的默契程度，都会影响整个活动的执行质量。其中的关键点有三个，第一是线路，即对第三方服务机构提供的研学主题线路的选择质量；第二是团队，即对应的执行团队的经验和管理质量；第三是合作，即具体执行中的分工合作模式的快速成型。

　　在两个团队的合作过程中，最关键的是四个明确，即明确计划、明确组织职责、明确活动关键点、明确意外情况处理机制。

1. 明确计划

　　这个大家应该都不会质疑，但如果是把计划明确到半小时为单位，好像就不是所有人都能做到了。计划永远都会变，但明确计划至关重要，因为计划承载的最重要内容是活动的逻辑关系，当这一点能够以半小时为单位明确出来并成为标准的时候，所有执行人员对于活动内容的逻辑关系应该就理解得非常透彻了。换句话说，计划再怎么调整，相关执行人员也都能很好地适应这个调整完成自己的职责。

2. 明确组织职责

　　这里的重点是两个团队衔接工作的组织职责。毕竟成熟团队自己内部会有习惯的工作模式，而两个不同的团队很可能因为在工作习惯和模式上的差异而造成衔接上的问题。因此这项工作最好是以书面表格的形式明确出来，并且要覆盖各项活动的组织衔接。

3. 明确活动关键点

这一点对于成熟的组织团队会格外重视，因为小的工作误差永远不可避免，但在关键点上的误差会对活动产生致命的影响和冲击，因此要务必集中精力保证在活动关键点上的高质量执行，避免给活动组织造成不可逆的影响。通常这个问题会在每天的领队会上由总领队做专项说明，并专门提醒相关同事。

4. 明确意外情况处理机制

有过活动组织经验的老师都很清楚，只要活动在计划内进行，一切都好办。最怕的是出现了计划外情况，比较典型的有学生（或老师）生病、受伤，活动环境、地点临时出现问题，如户外活动突遇大雨、降温、雾霾等恶劣天气，食物问题，车辆故障，道路维修，领导参观等，多种不确定情况不胜枚举。为避免意外情况的出现，首先要提前做好预案（如天气问题、食物问题、交通问题等），但也不可能把所有的意外情况都列举出来并确定处理流程。所以，意外情况的处理机制就显得格外重要。具体岗位处理哪些问题，无法处理的时候如何启动升级处理机制及各方联动机制，这个要提前确认，以避免混乱。这是组织在应对问题时候的最后一道屏障，因此需要格外重视。

以上执行工作中的四个明确，对于具体的活动组织协同工作是关键点，也是对于研学服务机构合作能力的基本考核点。

（四）研学景点（参观场馆）专业讲解员

研学过程中的活动主题相关区域通常会尽量选择非旅游景点，如科研基地和样地、具有特别研学价值（而不是旅游观光价值）的景观或素材地等。基于素材完整性和活动节奏合理性的考虑，也会安排一些标准旅游景点，在这些景点中，大致需要注重二个方面的工作。

1. 景点（场馆）内参观顺序安排

作为教师我们都知道，同样的内容素材，按照不同的顺序呈现到学生面前的时候，可能会得到完全不同的结果。景点素材的顺序安排也可以参照这个规律，一个是基于知识或体验本身的顺序，另一个是考虑到学生的认知习惯和学习顺序的规律。这两项的平衡点就是景点内容顺序安排的最佳点。

2. 景点（场馆）内讲解

所有的活动素材地都需要好的讲解，这一点对于研学中的学生尤其重要。一个原因是学生有其独特的认识和学习规律，另一个原因是研学是带着学习目标的，是非旅游观光性质的活动。在景点内的讲解必须要充分考虑这两个特点。在通常情况下，景点导游的通用性讲解很难达到研学的要求。这种情况下，随队专家与景点导游的配合就显得尤为重要，基本分工是景点导游进行一般性解说，而随队专家老师进行更深入的讲解，并结合学生在当次活动中的认识状态进行针对性引导。

（五）家长志愿服务者

在研学活动中，无论是前期的活动内容设定，还是过程中的专业资源支持等，家长都能发挥巨大的作用。当然，家长的深度参与也会带来相应的问题，但总体看，如果管理到位，家长的深度参与是利大于弊的。

1. 家长活动前可提供的资源调查

无论是研学主题的选定、基础素材的整合设计、行程的合理性设计，还是专业资源的寻找，很多家长都能提供非常强有力的支持。而在这几类支持中，通常家长在前期工作中参与的机会比较少，在专业资源支持方面参与的会比较多。典型的如特别的活动地点、活动场地、专家资源等。建立逐步成熟的家长资源体系，与建立成熟的研学管理体系一样，是学校研学管理部门的一项重要工作，也是一项进阶工作。

2. 家长随团提供专业指导服务

家长们来自各行各业，其中不乏科研专家、手工艺高手、户外达人等。如果能够引入家长参与研学过程的管理，能很大程度弥补教师和专家团队的能力短板。通常家长随团主要参与的工作类型是专业课题指导、活动区域资源协调、照看性随队三类。专业指导主要是发挥家长在某研学课题方向上的特长，如植物、地质等专项内容，随队进行专业指导；活动区域资源协调主要是发挥家长对于某具体研学活动区域和人员的熟悉和了解，协助进行研学计划的引导落实，保证研学内容的高质量实施；照看性随队也是经常出现的一种情况，通常是孩子因为某些特殊的生理或心理问题，需要家长随队照顾。这种情况下家长也能参与一部分日常管理工作。

研学旅行的本质是一项教育行为，在教育过程中，师资的作用不容置疑。研学活动的内容和资源极为丰富，在开放性的教育中，师资的引导尤其重要，师资本身其实是无所不在的，就像好的教育是无所不在一样。在本章开头举的戈壁徒步考察的例子，后勤支持人员也可以成为非常优秀的研学老师，他们并非只是纯粹的后勤支持人员。

所以，内容、地点、师资等如何更好地支撑活动，其关键还是在于活动设计。即我们到底想要达到什么样的活动效果，如何才能达到这样的效果。当我们不断地回到这个原点去审视考量我们的活动设计时，就会发现：好的教育是无处不在的，它就是生活本身。而作为活动的设计者和组织者，我们如果能够做到在活动中让一切都自然而然地发生、发展，让学生身在其中而感觉不到教师的存在和影响，每天早上都盼望着早一点出发，去经历、去成长，那我们就是最好的研学老师。

第三节　研学旅行课程资源建设和成果积累

研学旅行是近年兴起的新生事物，也是教育改革深化发展的产物，对改善我国学生书本学习过多、实践体验过少的学习现状，具有重要的价值和意义。研学旅行要避免"只旅不学"或"只学不旅"，实现"研学"和"旅行"的联袂效果，就要进行多方面系统的探索，包括本体性学习内容和养成教育内容，从德智体美劳各个方面都能体现教育的切入点和学习成果。

这里所谓的研学旅行课程资源建设和成果积累，不是指课题成果、教学成果、获奖成果等评审意义上的成果，而是从一次研学旅行活动的组织开始－积累各种经验。既包括可见的物化资源，如课程方案文本、管理机制制度、系列安全措施、学生学习成果等，也包括反映学生成长的过程资料，如记录游学活动的文稿、视频、照片等多媒体材料。

研学旅行课程可以和国家课程相结合，开展学科实践活动或跨学科实践活动；可以和校本课程、地方课程结合，积累特色活动或主题活动课程资源。因此，从内容上看，研学旅行成果既可以是教师探索的课程资源、课程案例，也可以是学生的小课题研究成果、研学旅行手册、学生创制作品，还可以是研学旅行成果资源包，包括研学旅行短片视频、典型照片等音像资料。

一、建立研学旅行网络资源库

研学旅行目的地和基地是体验乡情、市情、省情、国情的重要载体和平台。我国历史悠久，文化深厚，幅员辽阔，地貌类型多样，自然类、地理类、历史类研学资源都非常丰富。可以把自然和文化遗产资源、博物馆、大型公共设施、知名院校、工矿企业、科研机构等都纳入研学旅行资源，开发出自然类、历史类、地理类、科技类、人文类等主题的旅行课程。学校可以通过门户网站、校园内网、年级或班级网页、百度云盘等多种途径和方式建立研学旅行网络资源库。

(一) 学校门户网站专题网页

在学校门户网站上开辟研学旅行专题网页或者在学校微信公众号分享研学旅行资源，既可以向公众展示宣传学校教育成果，又可以积少成多，记载师生的成长过程和行走足迹。把研学旅行、综合实践活动的相关政策、各种研学旅行的资源以专题网页的形式呈现，供师生参考，也可以为研学旅行的主题设计、学习方式设计、分类内容设计做好前期知识储备。

(二) 校内网资源库

学校也可以采用建立校内网资源库的方法来积累研学旅行资源。对于同一处研学资源，如古城西安，不同的学科可以从不同的视角去挖掘。例如，语文学科可以收集与西安有关的文学作品、文化知识；美术学科可以结合书法教学，收集碑林中重要的书法作品相关知识；历史学科可以收集相关历史典故，如黄帝陵的价值，每年的祭奠仪式以及仓颉造字等；地理学科可以研究陕北地区的地形地貌、黄土高原的风土人情，黄土这一自然地理条件对陕西戏曲、陕西人性格形成的关系等，对饮食文化感兴趣的学生还可以研究陕西小吃的做法、吃法及特色等。通过在校园网上共享这些资源，为研学旅行的综合主题活动课程构建、地方课程开发、校本课程开发积累资料。研学旅行过程性的资料、成果也可以通过校内资源网进行展示与积累，供全校教职员工共享收获与快乐。

二、形成研学旅行方案标准化文本

在学校教育活动中，某种活动是否课程化，重要标志是关于这一活动是否有规范化的课程文件，如课程计划、课程标准等。因此，研学旅行要想成为学校课程，除了国家制定相关政策规定之外，还必须制订具体的研学旅行课程实施计划，并将其列入学校人才培养方案之中。有了课程计划还需要根据该课程的特征、性质、目标等编写相应的课程标准，为该课程的具体实施提供规范化的依据，也才能进一步推动研学旅行从政策性规定走向课程化实施。同时，为了保证研学旅行有效、有序进行，必须制定相应的研学旅行课程化管理文件，以改变研学旅行随意性和无序状态。可见，研学旅行课程方案是非常重要的。

课程计划或课程方案，是根据一定的教育目的和学校及其性质，由教育行政部门或学校机构制定的关于学校教学和教育工作的一种法规性文件。它对学校的教学教育活动做出全面和简要的总体安排，阐述课程理念，规定培养目标、课程设置、课程顺序、课时分配、学年编制和学周安排，确定课程管理体制和学校教学管理原则等，是课程标准和教学材料研制的主要依据。研制课程计划或方案，指在宏观上总结课程规划的成果，同时设计课程的横向结构和纵向结构，并使之成为统一整体，撰写和修改出课程计划或课程方案文件。

(一) 研学旅行课程方案基本要素

设计课程方案是研学旅行课程化的必要环节。课程方案是关于课程的总体规划，是保证实现教育目的和学校人才培养的蓝图，是编写课程标准和教材的主要依据，也是课程实施、评价和管理的基本准则。

课程方案一般应包括以下几个方面的内容：指导思想、课程目标、课程内容、课程实施、课程评价等。研学旅行课程设计应包括确定指导思想、确定目标、选择资源、课程实施、课程评价等环节。

指导思想的确定，主要以国家的教育目的、教育方针政策为依据。《国家中长期教育改革和发展规划纲要》《关于推进学生研学旅行的意见》《高职综合实践活动课程指导纲要》《关于培育和践行社会主义核心价值观的意见》《关于全面深化课程改革落实立德树人根本任务的意见》等政策文件，都可以作为研学旅行课程建设的指导思想课程目标是指课程本身要实现的具体目标和意图。它规定了学生通过课程学习以后，在发展品德、智力、体质、综合素质等方面期望实现的程度，它是确定课程内容、教学目标和教学方法的基础，课程目标是指导整个课程编制过程最为关键的准则。研学旅行课程的目标在于落实立德树人根本任务，帮助学生了解国情、热爱祖国、开阔眼界、增长知识，着力提高他们的社会责任感、创新精神和实践能力。

研学旅行课程内容包括主题设计、分类设计、课程方案中各种课程类型的划分及其比例、内在联系。课程实施主要指研学旅行课程如何开展，学生采用什么学习方式，具体如何安排。课程评价是指对课程进行价值判断的过程，检查课程的目标、编订和实施是否实现了教育目的，实现的程度如何，以判定课程设计的效果，并据此做出改进课程的决策。

（二）研学旅行课程方案特点举例

研学旅行属于活动性课程、生成性课程，其设计与实施都有较大的开放性。研学旅行不同于学科课程，没有国家课程标准，没有学业质量标准，给了学校很大的实施空间。当前阶段，各学校依据《高职综合实践活动课程指导纲要》，构建一种具有综合实践活动特色的新型课程。

研学旅行课程是一种素质教育课程，不论是从德智体美劳全面发展的综合素质来看，还是以文化基础、自主发展、社会参与等学生发展核心素养的三大维度来看，抑或以认知能力、合作能力、创新能力和职业能力四种关键能力的角度来衡量，各校都可以根据教育的本质要求，开发侧重于不同教育目标的课程，设置基于不同研学实践基地的学习内容，采用学生喜欢的自主、合作、探究、体验等综合性的学习方式，在评价方面，也无须给学生造成心理压力，以促进学生更好地学习和发展为宗旨进行评价。正因为研学旅行课程有较大的自由度和创造空间，不同学校的课程才可以呈现出明显的校本化课程特点。

翠微学校研学旅行课程设计的指导思想是：以《国家中长期教育改革与发展规划纲要》《基础教育课程改革纲要》《北京市实施教育部〈义务教育课程设置实验方案〉的课程计划（修订)》为指导，认真落实立德树人的育人目标，以培养学生的综合实践能力和创新能力为核心，以学生发展为本，全面提升学生综合素质。在此思想指导下，其山西研学的课程目标设置为：依据"小校园、大课堂"的办学理念，通过对山西的实地考察、现场体验、讲座等形式使学生获得中国文化相关知识，通过沉浸式学习，激发学生对文化的浓厚学习兴趣。通过游学课程，对课堂教学进行有效的补充，开阔视野，提高学习成效。

（三）研学旅行课程经验固化形式

课程教学改革探索的经验和成果，最终都需要以文字表达。研学旅行是一种基于实践的课程形态，其文字性经验必须来源于鲜活的研学实践，以归纳综合的方法进行实证研究，没有实践的过程，单纯的理论推演是无法产出成果的。

研学旅行的学术性成果应该有课程方案、研究论文、活动案例、经验总结、评价工具、研学手册、研究报告、专著成果等，但不管是哪一类成果，主要还是以文本形式表达。当然，也有以视频宣传片、微电影、网站等形式表达的情况。不管怎样，研学旅行课程成果会有一个共性的特点，就是不同于一般传统意义上的课程成果，它的经验总结中必须有鲜活的案例，有成长的学生，有难忘的故事。它也适合于叙事研究，在其中能够看到人的思想，看到精神的价值和人格的完善。

三、建设研学旅行成果资源包

收集研学旅行成果、建设学生研学旅行成果资源包，是课程开发、课程实施与课程管理的重要环节。既能对课程实施的效果进行总结评估，也能积累丰富的课程资源，为下一轮课程开发和管理提供借鉴。

（一）行前学习资源

在研学旅行前为学生提供一定的学习资源，既是调动学生的一种预热期待，也是给学生学习提供一种指引。可以让学生围绕某一主题收集资料，为学生推荐一定的参考书目或专题网站资源。如关于研学地点的介绍，使学生对将要参加的研学旅行活动内容有一个初步的了解，激发学生参与的兴趣，学生还可以提前去收集更多相关的信息，与已学过的各学科知识建立联系。

翠微学校为山西线研学旅行收集了丰富的学习资料，如山西概况、黄土高原、黄河、壶口瀑布、戏曲、皮影、剪纸、腰鼓等。不断建设资源包，为课程设计与开发提供资源，是成果积累的必要步骤，能够使研学旅行课程设计有丰富的前期积淀。

学校可通过专业的服务机构提升学校的研学旅行体验，比如世纪明德提供线上沟通平台、线上课程、闯关游戏等游戏化学习方式，来提升研学的知识性和趣味性。

每当组织一次研学旅行活动，就可以形成一套阅读资源材料，收集起来，积累数年，研学旅行学习的资源会逐渐增加，形成系统，不断完善。

（二）过程中生成的资源

研学旅行课程活动方案设计好以后，就是研学团队组织学生外出将课程方案付诸实施的过程。这个阶段是最有挑战性的，也是最有吸引力的。新课程改革的理念之一是需要预设，但更关注教学过程中的生成。学生研学旅行中形成的过程性资源，包括专家讲座文稿、教师学习指导方法、学生参与的图片、学生参与研学的收获体会、活动日志、随笔美文、学科深化的知识、动手制作的标本和工艺品、在研学目的地获取的第一手资料等，以及师生在研学旅行过程中发现的值得探究的问题。

（三）活动后产出的资源

研学旅行结束后，学校开展总结交流活动，帮助学生梳理游学过程中的收获，通过交流分享，实现课程目标。

有的学校在研学旅行结束后，要求学生以小组为单位，将研学的问题和成果重新梳理、适度提炼，并通过 PPT、视频、调查报告、小论文、研学总结、漫画、图表、诗画等方式进行汇报展示，分享感受。学校还举办研学旅行的征文、摄影、绘画比赛等后续活动。

研学旅行结束后返回学校，并不代表这一课程结束了。总结交流活动使研学的历程变得更加丰满、研学成果更加丰富，使通过研学促进学生综合素质的提升落到实处。

第四节　研学旅行招标程序和实际操作

随着国家陆续颁布了《关于推进学生研学旅行的意见》《高职德育工作指南》《高职综合实践活动课程指导纲要》等文件，全国高职研学旅行已经成为教育旅游市场的热点，承办研学旅行的单位服务质量也参差不齐。学校本着保护学校、研学旅行师生及投标人的合法权益，提升研学旅行服务质量的目的，根据《中华人民共和国招标投标法》、国家旅游局发布的《研学旅行服务规范》，规范开展招标活动。

一、招标的必要性

（一）研学旅行招标投标有法可依

目前高职研学市场不断发展，承办高职研学的公司也如雨后春笋般迅速增多。一方面，给学校提供了更多选择优质合作伙伴的空间；另一方面，市场上承办高职研学旅行的公司良莠不齐也是显而易见的。所以对于学校而言，依法办事，规范自己的招标行为，做到有法可依，有法必依，也是依法保障学校合法权益的有效措施。

学校可以根据研学规模的大小，依照相关法律的规定，确定学校研学旅行合作伙伴是否要通过公开招标选择。

一般情况下，学校选择研学旅行承办单位的方式有三种。

1. 公开招标

依据法律规定要求，直接进行公开招标确定研学旅行承办单位。公开招标面向的是全社会，符合投标资质和要求的均可以参加投标，这样招标单位选择的空间更大。

2. 邀请招标

依据法律规定，采用邀请招标方式确定研学旅行承办单位。学校可以参考过往合作的经验和教训，应当向三个以上具备承担研学旅行能力、资质信用良好的特定的法人或者其他组织发出投标邀请书进行"邀请招标"。

3. 直接确定承办单位

学校依据法律不是必须招标的情况下，可以直接确定研学旅行承办单位。对于这种不必须招标的活动，建议采取以下有助于优中选优的方法确定承办单位。

第一，确定有意合作的承办单位。选择承办单位可以参考以往双方合作效果，也可以选择其他学校研学旅行合作伙伴。

第二，对有意合作的研学旅行承办单位进行实地考察，考察对象一定不少于三家，因为"货比三家"才能做到物优价廉。

第三，根据考察结果，通过讨论分析，确定最终的合作伙伴。

特别强调：无论是通过公开招标、邀请招标还是不通过招标确定研学旅行合作伙伴，招标人都要根据招标项目本身的要求，明确要求潜在投标人或有意合作伙伴提供有关资质证明文件和业绩情况，并进行资格审查，以确保合作伙伴的信誉、研学旅行服务质量。

（二）研学招标的重要意义

1. 降低研学旅行成本

招标最大特点是通过集中采购，有众多的研学旅行承办单位进行竞争，有利于形成由市场定价的价格体制，使价格更加趋于合理–确保招标单位能以最低或较低的价格获取最优质的服务。

当然，这一方面需要特别注意，不是价格低就一定符合学校研学旅行低成本要求，价格越低越要关注承办单位的研学旅行服务质量保障措施。避免出现降低成本，获取合作资格后，在研学旅行服务中质量大打折扣的恶性竞争现象。

2. 提升研学旅行质量

公开招标遵循公开、公平和公正的原则，将采购活动置于透明的环境之中，学校既能选择质优价廉的服务，又可以防止不规范行为的发生。在某种意义上说，招标制度执行得如何，是研学旅行活动质量能否得到保证的关键。

第一，按照资质深浅、研学旅行经验丰富程度、标书设计理念，对所有参与投标的公司进行初步筛选，为第二部述标做好准备，避免出现述标时公司多、时间短、粗而不精的情况。

第二，在公开述标过程中，强调述标重点是安全预案和课程设计理念，评委会就其述标中不清晰的疑惑点进行提问，投标单位需要如实进行答辩，既给了承办公司进一步答疑解读的机会，也让评委深入了解承办公司的服务实力和研学旅行服务理念，从而选择出最佳合作伙伴。

第三，在招标说明会上，投标公司均已经获知，研学旅行课程设计是否能够体现学生的实践和体验，是否更贴近于学生的实际和课程的实际，是学校评标的重点，也关系着投标公司是否能够中标。所以投标公司在准备标书的过程中必须认真开发研学旅行课程。这样，在增加自己中标概率的同时，也提升了研学旅行课程的质量。

第四，中标的承办公司在后期研学旅行的执行过程中，研学服务质量和研学效果，对其研学资质的评估起着重要作用，而且对其以后承接其他学校的研学旅行项目有至关重要的影响，因而研学旅行合作伙伴必将研学旅行的质量保证放到重要位置。

3. 确保研学旅行安全

通过招标的方式选择研学旅行合作伙伴，可以防止承办单位因为没有竞争对手、没有比较，容易产生一家独大、舍我其谁的心理，尤其在研学旅行价格、安全保障方面更加强势，不容协商，服务质量有可能不到位，导致研学旅行效果不佳。

公开招标给了更多潜在承办单位与学校合作的机会，也增加了竞标的难度。为了中标，必然要充分发挥自己的优势，实现和学校的双赢。诸如安全措施会考虑得更细致，措施更得当，预案更有效，能够有力地保障研学旅行的安全。

二、招标的程序和环节

学校研学旅行招标工作从启动到结束-历时比较长，大约 5 个月左右，各学校可以根据本校的研学时间，提前安排' 整个流程比较复杂，需要历经环节如下：

确定招标时间节点，确定研学旅行路线和研学旅行资源——承办单位考察——发布招标公告——召开招标说明会——公司进行投标——现场述标评标——公布中标结果——签订合同——存档。

（一）确定招标时间的节点

学校的研学旅行招标工作一定要列入工作计划中，提前确定大致的时间节点，如果有变化可以略做调整。

（二）实地考察承办单位

1. 实地考察重要性

通过实地考察。了解有可能合作的伙伴最真实的实力和服务情况；通过考察进一步确定与此前收集到的信息是否相符。搜集合作伙伴的第一手资料，为后期的招标提供真实的依据。

2. 确定考察对象

考察时要多渠道了解研学旅行承办单位信息，比如分析本校在研学旅行过程中合作过的单位，进行优劣对比，最终选择优质服务的单位；还可以通过各级别的研学旅行会议，考察知悉部分知名承办单位；也可以请研学旅行课程做得比较好、有经验的学校提供服务优质的单位信息，主动联系学校的研学旅行承办单位等，从众多的研学旅行承办单位中，选择比较有实力的、有意向的，但是从未合作过的研学旅行承办单位，进行实地考察。

3. 考察人员组成

考虑到承办单位的服务对象是学校、学生和家长，参与实地考察的人员组成，一般包括副校级以上领导 1 名、研学旅行项目组人员 2 人以上、家长 2 人以上，也可以把学生纳入进来。不同的人员可以从不同的角度考察、思考，提供更多的建议，成为最后的招标参考依据。

4. 实地进行考察

实地考察是指考察人员直接到承办单位的公司驻地进行考察。通过参观、访谈、调查、观察等多种方式了解承办单位，与之前收集到的情况进行综合考量。

参观：了解该单位的资质（各种执照）、规模（面积大小、员工数量）、规范与否。

访谈：通过和主要负责人沟通，了解运行模式、承办能力、经营项目、研学效果、课程设计理念、安全预案及突发事件处理能力及相关信息。此类访谈，应该提前准备好问题，有的放矢，有利于获取有效信息。

5. 撰写实地考察报告

实地考察的单位可多可少，一般集中在有合作可能的单位。考察结束后，参与考察的人员需要汇总考察得到的各种信息，给出是否能够合作的可能性，提交给学校项目组，以备招标参考。

(三) 发布招标公告

1. 招标公告必要性

学校利用网站或者微信，面向社会公开发布招标公告，给更多有能力的潜在研学旅行机构提供参与投标的机会，这也符合相关法律的规定。

2. 招标公告内容

（1）研学旅行项目实施的准确时间

研学旅行课程的实施，应该列入每学期的教学计划，时间要明确具体；

明确时间便于投标单位核算报价，因为研学旅行实施时间不同，研学旅行资源的价格也会不同，尤其是在节假日。

(四) 召开招标说明会

1. 招标说明会的目的

（1）在收齐各投标单位的报名信息后，根据报名条件，确定各投标单位是否具备投标资格，不合格者，直接淘汰；如果报名者太多，可以根据各单位资质和实力进一步筛选，选出一定数量的投标机构参与投标；报名者比较少，符合条件者均可投标。（2）召开招标说明会，面向全体投标单位说明研学旅行招标工作的详细要求，便于投标单位设计标书参考。（3）招标说明可以直接以公告的方式发布，投标者自行阅读理解，按要求操作；也可以以会议的形式，集中当面解读。采取后一种方式更为清晰、明白。

2. 说明的内容

（1）研学旅行线路和资源，参加研学旅行学生及教师数量，食宿与否。各承办机构投标线路一般不超过两条，这样既给了优质服务单位更多的合作机会，也给了其他研学旅行机构参与合作的机会，不至于一个学校研学旅行一家独大，没有竞争，就没有活力。（2）研学旅行方案的设计要求及建议，如要求课程的体验性、综合性、专题性等。（3）安全工作要求：安全预案，如交通、饮食、住宿、突发事故等安全措施。（4）交通工具要求：交通工具类型约定、司乘人员素质、乘坐环境等。（5）住宿安全要求：宾馆的等级、消防安全、每间房的人数、周边环境安全、不宜频繁更换宾馆等。（6）饮食安全要求：学生分桌、特色菜品、禁忌食品、少数民族学生用餐、饮食环境等。（7）讲解服务要求：耳麦配备（听讲效果更佳）、讲解员数量、讲解效果、学生参与讲解要求等。（8）导游服务要求：有热情、有耐心、喜欢学生、能调动学生学习和活动兴趣、熟悉游学资源等。（9）医护人员配备：对于学校不能提供医护人员的线路，研学旅行承办单位需要聘请医护人员随行，以保障学生的身体健康。（10）报价要求：报价低服务质量高、报价合理。（11）投标资料投递时间和途径。一般要求电子版发送邮箱，纸质版送到学校。（12）后续事项及时间安排。

（六）评标定标会

1. 评标人员组成

（1）主管教学的副校级领导、德育工作负责人、研学旅行项目负责人、研学旅行项目组成员、学生若干名。这样的组合，设计学校各方代表，能融入多方面意见，确保评标工作更加公平公正。（2）评标人员数量一般在 10 人以上、15 人以下。人员过少，缺乏民主性，人员过多，意见容易分散。

2. 拟定评标标准

根据研学旅行课程要达成的目标，设计评标标准。例如：

（1）投标机构的资质和文件资料的齐全程度；（2）标书中的安全措施及预案的完善及合理性；（3）境内研学旅行项目的经验；（4）研学旅行方案的合理性及有效性；（5）报价（以平均价格为准，接近平均价格5%以内满分，每超出5%扣5分）。

各单位在招标时，可以根据自身情况设计或调整评标标准或各项标准的权重。

3. 评标流程

（1）开标和议标

第一，各投标机构提供的标书关键信息作为议标参考之一。

第二，各投标机构投递的纸质版标书作为议标的重要参考。在收齐各投标机构的标书信息后，全体评标人员，集中进行开标，仔细阅读标书信息。

第三，就各单位的标书，大家进行讨论，解读各自的亮点与不足，确定最后述标的机构，一般5家单位入选比较合适，这样，述标时间不至于太长，也有竞争。入选者由负责人员直接通知述标的时间和地点。

（2）述标和评标

述标是评标过程中最重要的环节，也是定标的重要依据。投标单位需要派出人员参与述标，招标单位需要组成评标团队进行评标、定标。

第一，抽签决定述标顺序。

第二，述标时间为 15 分钟，答辩 5 分钟，每个投标单位大约用时 20 分钟。这个时间各学校根据实际情况可以自行调整。

第三，述标结束，投标机构人员直接离开学校，等待公布结果。

投标机构一般通过课件、视频和解说等方式，就资质、安全预案、研学旅行课程设计、课程实施、课程亮点、线路报价等方面进行说明。

第四，各位评委按照评标标准进行打分，并在自己的打分表上签字。

评委重点关注投标机构在课程设计理念、学生体验活动、研学旅行安全措施等方面的解读。

备注：无论参与几条研学旅行线路的竞标，述标时间各投标公司是一样的。

（3）定标

汇总各评委的计分，算出平均分，同一条线路的所有投标机构中，得分最高者，为竞标成功者。如下表所示，单位 4 为得分最高，是西安线路的中标者。

（4）全体评标人员确认无误后，在评标汇总表暨中标结果表上签字。

在评标和定标的过程中发现，投标单位是否中标有一定的规律：价格过高不易被接受，价格过低容易对服务质量有疑问不易被接受，所以价格适中者易中标；课程设计是常规参观型理念的不易中标，因为参观是最低层次的研学方式，体验活动过于丰富也不易被接受，因为它的实施时间保证和实施的深入性也会被质疑，所以研学旅行课程设计理念新、突出学生的实践和体验、时间安排适度者易中标；研学旅行安全一定是第一位的，安全预案必须有，如果只是笼统概述安全措施的，反而不如更注重细节的保障措施者易中标，因为学校更注重安全措施的可操作性；当然，如果是合作过的研学旅行承办单位，必然会受到过往合作效果的影响，研学旅行效果一般、出现问题的、师生评价差或者一般的投标单位，落选的可能性很大，研学效果好、师生评价高的投标单位中标率就会很高。

（七）公布招标结果

确定中标结果无误之后，学校利用网站或者微信，面向社会公开发布中标结果，接受监督。

三、签订合同

（一）拟订合同

如果公示无异议，双方需要签订合作协议。

（1）研学旅行中标机构提供合同文本，常用的合同是国家旅游局 & 国家市场监督管理总局共同制定并发布的《团队境内旅游合同》。（2）合作双方负责人可以根据实际情况，就具体问题进行协商，达成协议，以书面形式对示范文本内容予以变更或者补充。其中，重点审阅研学旅行安全要求、措施和责任承担等内容。

（二）法律顾问审阅合同

协商好的文本请学校法律顾问进行审核、修改和完善。

（三）双方签订合同

双方均无异议的情况下，签约生效，逐一落实。

四、资料存档备查

上述招标过程中，全部资料都要存档，以备需要时查阅。至此，学校研学项目的招标工作尘埃落定。

五、招标中需要注意的问题

（1）提前准备招标工作，按照时间节点有序进行，避免时间过于紧张而省略环节，影响招标效果，所有环节缺一不可。（2）招标公告及附件中的信息说明，一定是一致的，否则容易给投标单位带来困扰。（3）招标说明会一定要根据学校的需求，标注清楚，避免后期工作推进出现误解。（4）定标之后，评委一定要在结果处签字，中标结果一定要公示，务必遵循招标的公开、公平、公正原则。（5）签订合同要及时，同时认真查看合同条款，发现问题及时沟通，保存好合同原本。（6）学校研学旅行合作单位可以实行末尾淘汰制，对于研学旅行效果不佳的单位，直接排除在下次研学旅行投标范围之外，至少间隔一次才允许其继续投标。效果是以示警诫、促其改进，提升研学质量。

第九章　研学旅行课程效果评价

《关于推进学生研学旅行的意见》提出，要强化研学旅行督查评价。提出"各地要建立健全学生参加研学旅行的评价机制，把高职组织学生参加研学旅行的情况和成效作为学校综合考评体系的重要内容"。

研学旅行课程建设与实施的效果如何，需要系统总结和评价后得出结论，并运用于下一轮课程改进和完善。研学旅行的评价总结是整个研学旅行活动不可或缺的重要环节，整个研学旅行的课程主题、路线设计、学习内容、环节程序、学习方法、教法设计、研究选题、课程实施、教学反馈等各环节的具体实现方式，都是围绕着最终的评价体系运转的。而这个评价体系，又是由把握学生成长规律和研学旅行的教育定位所决定的。

教学论认为，学习者与教授者构成研学旅行课程的核心主体，作为教育专家，教师对课程设计与实施过程最有发言权。

第一节　课程评价的角度

一、对目标适切性的评价

研学旅行的每一条线路、每一个行程都是一个完整的课程，在这一完整课程的架构下，每一个主题、活动，又是由一系列子课程建构而成，形成主题建构、系列子课程架构，进而形成整体的课程设计。

对课程设计评价的重要因素是目标适切性评价。学生作为课程的主体参与者，是否能够通过完整的课程设计环节，达到既定的目标，形成基于能力、方法、体验的实际获得感，学生对课程主体的参与度、热爱度，成为研学旅行课程设计评价的重点。

目标的适切性包含两个问题，一个是目标本身的设定质量与合理性，即目标适合学生发展需求的程度；第二个是目标实现的程度和吻合度，即教育结果适合计划目标的程度。因本文更多涉及研学操作中的问题–因此更前端的研学需求分析及整体结构设计（目标设定之前的部分），不做展开讨论。重点放在目标确定的情况下，如何达成更高的目标实现质量。

就操作层面的目标适切性评估来说，课程设计中列明的研学目标对应的知识、技能、方法、情感、态度、价值观等层面的学习效果，即不同层面的目标设计、目标实现过程、手段和实施质量，是最基本的评估内容。

课程主题是课程目标的灵魂，体现一次活动的思想方向。对目标适切性的考量自然包括对主题思想在一次活动中的落实情况 - 反思一次研学旅行活动整体情况，看学生是否对活动主题、内容知识、期待发展的态度、情感、价值观产生了自主的认识与理解。

二、对实施效果的分析

在具体操作中，课程实施通常有两个层次，浅层次的有参观、讲座、动手体验等，更深层次的有研讨、分享、课题方案设计、课题汇报评审、综合动手任务等。这两个层次的内容根据不同主题和教学目标进行搭配，其基本方向是引导学生从浅层次认识到深层次思考，从个体学习到团队学习，从局部行为到真实生活，从外在活动走向内在发展。

对课程实施过程的评价，重点是课程实施模式和策略、方法、途径的总结基于不同主题、基于学生不同年龄特点、基于学生不同成长环境，课时应采取不同的模式开展，可以是体验式、探究式、调查式，学生参与其中时，更多地体现在融入性学习方式之中。一个好的活动课程设计，让学生们身临其境般体验着设计者的构思，而不论是美好、压力、挫折、困难，都将辅佐于主题思想与最终实现的教育目标。学生参与到每个课程环节中，自主生成相应的感受并引发学生深入的思考。

作为实施层面设计，好的研学旅行课程在场景选择、路线与方式的选择、环节把握、进程安排、材料与工具的选择、步骤设计、成果的表达与交流方式等方面，每个细节设计，都构成每一个课程质量保障的基础，基于不同环节，开展对学生调查与评价，发现学生深入课程学习的契机。

当课程基本设计结构清晰后，实施过程通常也会比较顺利。学生通常会关注整体实施过程安排的流畅和具体组织方式的合理性，这也是学生最能直观感受到的部分。当然还有个单独的重要因素，就是专业指导老师的专业能力，在学术型和专业性强的研学活动中，这一点尤为重要。

实施过程更要关注安全性、衔接性、充分性等方面，任何的活动不能偏离安全，从线路选择的安全到活动实施的安全把控，再到过程中的安全教育是否到位以及安全隐患的排查等。

三、对学习反馈有效性的评价

对于研学旅行活动的有效性评价，大致可以分为研究性和体验性两个角度，也可以看成是智力和非智力两个方面。体验性学习角度在研学活动中很容易被轻视，而实际非常重要（这是由研学活动兼有学和玩的双重性质决定的），这个角度最主要的是学生状态，快乐、积极、合作、尝试等，都是典型的非智力因素，其主要作用是促进行为习惯养成，属于内隐性成果。让学生在不同的场景中深度体验这种状态，对于学生积极价值观和行为习惯的形成有着巨大的教育价值。

而从研究性学习角度的评估与课内教学效果评估比较相似，基本包括学生知识、技能、方法等层面的所得，属于智力训练的过程，这种收获主要体现在研学小论文、课题研究报告、工艺作品等文本性成果方面，主要是外显性成果。一次研学课程设计得好不好，教师对于这两个方面的评价都应该有充分的考虑。

四、对教学行为有效性的评价

美国教育学家约瑟夫·施瓦布认为"教师即课程"，如果说设计好的课程只是一个文本，那么实施中的课程才有活力，而这种活力得益于教与学过程的发生。再好的课程设计，如果没有好的课程实施者即授课教师的尽心尽职，在效果上也会大打折扣。一个优秀的课程实施者，是读懂学生心灵的、能够把握教育契机的、能够在过程中给予学生视野、方向、方法，让学生在价值观与人生观上得以浸润的人生导师。无论是首席科学家还是贫困家庭的小主人，授课主体的选择在于是否触碰到学生内心深处，对学生产生真切的影响。从而构成学生评价内容与调查基础。

课程设计对于学生的感受第一位的通常是有趣，其次是有内容、有挑战、有收获等。在评价课程实施主体时，需要注意两个问题，第一是否能对学生进行正确的引导，最根本的是要明确"研学到底是干什么来了"，引导学生把关注点和体验点聚焦到真正的研学内容和主题上，而不是散乱无序的"有趣"或者"好玩"上。记得一位天文科普的大咖曾经在一次开营式上给孩子讲：孩子们，你们要记住，疲劳和饥饿也是一种学习。当课程实施者能够有效引导孩子的注意力，时时能让学生回到研学主题和任务目标上时，通常对学生的研学效果会有很大的促进。第二是否完成了课程预设的目标，按照计划落实了每一个学习任务，学生学习的效果如何。教与学是密不可分的，从某种意义上说，教决定着学。因此，评价课程成效时，对授课教师（也包括研学基地的专家导师）的评价，是一个重要的维度。

五、对资源利用有效性的评价

考虑到研学活动的相关协作方远比一般的课堂教学复杂，因此不同资源的有效利用也就成为一个很重要的影响因素。通常在单次研学活动中，外部资源的利用有效性不用太关注，原因很简单，利用资源是为实现教育目标服务的，而对于教育目标的实现来讲 – 好的教学设计要比一大堆资源有效的多。就像我们很难说学生面对一只大熊猫会比面对一只青蛙的收获大，其中的关键是怎么讲、怎么做，教学行为如何高质量地开展和达成。

但从长期层面看，整体"资源池"的规划建设则非常重要。在同等教学转化能力的前提下，不同的资源能够支撑完成不同的教学目标，而更丰富的资源能够支撑更复杂和更高价值的整体综合目标，这也是研学活动尽量从整体设计入手，避免碎片化设计思路的一个重要原因。

第二节 不同主体对课程的评价

一、教师对课程的反思

教师对课程的评价是最重要的评价，其根本原因在于在教师、学生、家长三方中，教师应该是对教育有着最深的理解和最丰富经验的人，并且在我们的教育系统中也是最有专业权威的人。

在教师这一方中，可以细分为两个层面，一个层面是教育管理者或叫课程设计者，另一个层面是课程执行者。这两个层面的人员对同样的教育实践的理解通常会有较大的差异。课程设计者会更关注整个教育视野的各主要因素和教育目标的关系。具体到研学活动来说，设计者会首先关注参与学生的整体发展阶段和教育需要，进而关注整体研学体系的基本模式和结构，如在哪些年级开展，整体活动内容的难度进阶和主题侧重，基本运作模式的探索等。而对于研学活动的教育执行者来讲，会更关注于当下主题的设计质量、运作质量、与不同资源方合作的顺畅程度等具体问题。

二、学生对课程的反馈

研学旅行课程是综合实践活动课程的一种特殊形式，因其课程环境的丰富性、教学资源的多样性、教学元素的高度复杂性而产生的师生、生生互动的充分性、学生参与的积极性，都造就了研学旅行活动课程对育人工作的高效性与独特性。

学生作为课程参与的核心主体，教师要极为关注学生在研学旅行活动中的体验、参与、收获、感受的东西，研学旅行对于提高学生综合素养、价值体认、综合运用知识解决问题的能力、交流与合作的能力、创新能力与实践能力，都有着很好的作用与效果。

但由于学生的年龄和心智发展特点，学生角度对于课程的评价很容易偏局部、偏感性，因此这个评价更多的是作为一种印证，而不是作为总体评价。学生对课程的反馈通常用现场观察、问卷调查或访谈的途径收集信息。

三、利益相关者的反馈

1. 专家的反馈

专业师资包括我们通常所说的科研单位的专家、非遗手工艺技师、某一专项的民间研究者等。在课程角度，专业师资通常关注的角度一个是能够得到足够的重视和尊重，即足够重视并且真的理解这部分内容的价值；另一个是能够安排合适的方式充分发挥自己的特长。通常前一个因素会更重要，并在很大程度上影响后一个因素的顺利落地和最终效果。

在操作层面，专业师资需要明确主题和内容要求，即讲（或做）什么，到什么程度，用什么方式最合适。通常专家们的主要关注点也是从这里出发，即需求是否明确，协调组织是否合理，时间和场地安排是否科学，现场组织是否紧凑顺畅等。

2. 合作单位的总结

通常的研学活动都需要一个或多个合作单位。通常合作单位都会有此类合作的经验，相应的也会有横向的对比，因此合作单位的反馈通常会比较切中要害，能说到点子上。同时合作单位对于整体活动组织的影响力相对较大，因此对于合作单位的整体协调和沟通也就尤为重要。

合作单位通常最关心的是学生背景，因为这个背景的强弱会直接影响到合作单位对于合作价值的判断。其次合作单位会关心活动方案和计划，这个能够直接反映出研学活动组织者的能力和经验水平，更重要的是合作单位会从方案和计划中判定出活动对本单位的潜在价值。当这两项工作都确认无误后，具体的实施通常会比较顺畅。

由上述分析我们可以看到，合作单位的关注点是清晰明确的。但需要注意的是，在评价角度，上述两点虽然起了决定性作用，但其内容不会出现在最终评价中。出现在最终评价中的，主要是活动安排是否合理、组织工作是否高效等内容。

3. 家长的满意度

家长对于课程的评价非常重要，其原因很简单：在我们目前的研学模式中，学生的研学费用通常是由家长承担的 – 对于活动结果有满意的预期是家长很正常的心理反应。而研学结果能否得到家长的认可，是学校持续有效开展研学活动的重要保证。

一般而言，在研学活动中家长最关注的第一是安全，第二是快乐，第三可能才是学有所得。所以，研学执行团队一定是在优先满足家长的前两个心理需求后，才能真正谈得上有质量的家长评价。由此会引申出一个跟学生评价类似的问题 – 就是活动前的引导问题。尽量引导家长把注意力从对于"吃饱吃好"等生活问题转移到"送孩子出去干什么"这类教育问题、成长问题上。

在具体的评价中，家长通常会关注活动内容和节奏设计的合理性，如某个活动与主题是否相关，连续室外活动后是否要安排一段室内活动等；还会关注具体时间安排和强度安排的合理性，某项活动是否时间过长，强度过大等；再就是活动准备的充分性。例如，如果下山时间晚了怎么解决孩子饿的问题，遇到了雨了怎么办，气温低是否有什么应对措施等。以上几点更偏向于保障性需求。更高的学习性需求通常会关注有什么特别难得的经历，例如，看到了某种很难见到的动物，拍到了灿烂的银河等；也关注完成了哪些有挑战性的任务，例如，长距离野外徒步，第一次公开演讲答辩等。

以上这些内容构成了家长对于活动质量的整体评价，而保障性需求和学习性需求这两个因素中，前一个是后一个的基础，只有前一个因素获得充分满足后，后一个因素才能有成绩，这一点需要我们特别注意。

应该说，研学旅行活动课程的评价比教室中传统课程学习的评价更为复杂，涉及的相关主体多元，课程内容形式和学习方式也更加丰富多样。课程内容综合性强，甚至涵盖了培养学生德智体美劳各个方面素质的内容，因而评价也不能只看最后的学习结果，而且研学旅行的学习结果也不可量化。研学旅行需要通过多种途径获得信息来源，通过多种方式收集信息。对研学旅行课程育人效果的评价还需要更多深入细致的研究，需要在不断完善中探索一些新的实践活动课程的评价方式。

第十章 研学导师内涵与培养路径

第一节 研学导师职业岗位

国家旅游局发布文件《研学旅行服务规范》，其中明确指出："应至少为每个团队设置一名研学导师，研学导师负责制定研学旅行教育工作计划，在带队老师、辅导员等工作人员的配合下提供研学旅行教育服务"。

可以说，这一文件的发布对于研学旅行的市场发展具有重要的指导意义。目前，我国可以预计的研学旅行市场大概有2亿人，如此庞大的市场势必会催生对于相关的专业从业人士需求，而研学导师恰恰是当前市场需求量最大的一个职业之一。

其中最重要的，无疑是研学辅导员，也就是通常所说的研学导师。这个岗位的导师为学生们提供研学旅行中的课程教学与指导，辅助学生完成实践活动的操作，并在学生们的生活、安全以及其他服务上提供一定的保障，并且在最后对学生们的实践效果进行综合评价。此外，作为研学基地或是营地的专业人员，他们还需要组织各项活动、进行课程相应的准备，包括物资、食宿、卫生，总是，在后勤保障问题提供帮助。此外，在研学旅行中，通常有学校的老师随行，协助研学导师完成工作。

研学导师是决定一次研学旅行质量的非常重要的因素，所以能承担研学导师责任的人员一定是受过专业训练的。就这个岗位来说，他（她）必须熟悉研学课程，并且能充分利用基地或是营地的相应资源，引导学生们完成课程。作为课程来讲，研学旅行应该像设计学科课程那样精心设计、要有组织、有计划地进行，行前要有充分的准备。研学导师必须熟悉其中所有的环节与流程，切切实实实现研学旅行活动的教育性目标。

第二节 研学导师工作职责

一、研学导师的作用

通过研究分析，研学导师实质上是教师的形象，本质在于尊重学生学习的主体地位，引导学生在真实的旅游体验活动和探究中，开展主题明确的研究性和综合性学习活动。专业导游和讲解词的价值在于为研学旅行提供了丰富的课程资源。一个导游要转型为研学导师，则必须经过专业的教育教学培训和研学课程开发授课的实习。

1. 设计开发研学课程

研学旅行将学生带入一个现实的场景开展学习活动，很好地完成了感性认识和理性认识之间的转换。作为课程的开发者，教师事实上仍然是研学旅行课程的主导者，而不仅仅是以讲解内容为主要任务的课程执行者。导游角色以讲解内容为中心，教师如果无法超脱于内容讲解模式，那在研学过程中，就与导游没有本质的区别，这既不能激发教师的教学激情，也难以达到对学生学习自主性和个性培养的目的。

2. 组织开展研学活动

研学导师除了要传授知识和学习知识的能力，还要负责研学活动的顺利进行，跳出传统学校教育的纯粹讲解的禁锢。此时，教师需要作出角色转变，做好组织准备，以适应在旅行过程中的特殊课堂。教师需要熟练掌握使用"学生中心策略"来组织研学活动。研学导师应该促进学生掌握学习的主动权，而不再向学生灌输现有知识。研学活动要在目标确定后，由研学导师进行分析整合，进一步确定研学所需的资源要素，从而组织计划学习过程和步骤。还要认真地研究如何利用这些资源，引导学生在研学旅行过程中和自身的实际体验中掌握学习方法。

3. 启迪学生研学智慧

研学导师不但要对学习效果进行评价，更要启迪研学者的思维智慧。本质上，研学旅行是课程教学行为，在研学旅行中，研学团可以邀请各展馆专业讲解员进行讲解。此时，讲解是研学旅行实践的重要资源。教师可以从传统课堂中讲授者的形象中剥离出来，而是更多的关心学生的学习状态和认知发展。在研学课堂的生成中，教师往往可以不预设正确答案，更多地关心学生的独立思考和合作学习，支持学生思考问题的各种角度，让学生在彼此合作与师生间探讨中获得真实的智慧。在整个过程中，研学导师的引导作用必须最大限度地发挥，通过感性和实践过程培养学生认知、探索的能力。

二、研学导师的基本职责与工作实施

1. 研学教育应当遵循的基本原则

研学教育具有一般教育的特点，同时也具有其特殊性，在研学教育的过程中需要遵循一定的原则。首先，要坚持"有备无患"，研学旅行前一定要结合学校实际、学生实际和导师实际，切实做好"研、学、行"三合一实效评估，做好活动的实施方案，做好做细各项工作。其次要坚持"有的放矢"，研学旅行是校内教育的有益补充，具有很强的教育功能，组织者和承办方要加强交流，高质量完成研学任务，切忌单打独斗和各自为政，有针对性地对不同学生进行各有侧重的教育，因材施教。最后，要坚持"有感而发"，研学旅行不能止于过程，更要注重归来后的评估和学习巩固，需要学校按层级逐次做好研学工作综述、班级研学活动总结、教师个人反思及学生感想，进行专题讨论和分享推广，形成独特稳固高效的研学旅行文化。

2. 拟定研学教育服务计划

研学导师是把握好"游"与"学"两者关系的天平，研学服务计划必须要根据不同的研学情景和主题进行设计，避免出现"纯玩""傻玩"的现象。

（1）合理安排研学旅行详细行程

研学导师在研学旅行开始之前要做好充足的判断预测，分析有可能出现的任何状况，做好尽可能详细的方案规划，向学生及其家长介绍研学旅行基本情况，总体部署，制定对相关问题的处理与解决办法，明确和细化各方责任，为研学旅行顺利实施提供基本保证。将详细的研学旅行行程制作成手册，为学生提供一定的基础资料和基本指导。合理的行程设计和良好使用的旅行手册往往是决定研学旅行成效的关键之一。

（2）详细制定研学旅行课程内容

在青少年研学旅行中，要合理划分研学小组，合理分配组内成员，根据学生的性别、认知水平、学习能力、个人兴趣等因素平衡分配各小组学生，每组设立小组长1名，协助研学导师管理小组开展活动。充分发挥小组内成员作用，增强团队的合作精神，开发一定的探讨、交流活动内容，增加其在研学实践中的独立性、积极性和探索性。

（3）引导学生在研学之前发现问题

研学旅行是一种探究式学习方法，"问题"是研学活动不断向前推进的关键因素。研学导师在实践之前引导学生发现问题是最关键的第一步，研学导师必须要考虑研学者需要、树立目标、培养情怀，营造良好的探究式学习的氛围，其次要根据自身所擅长的专业和确定有价值的课题方面指导学生选择课题，还要根据学生的兴趣爱好为学生制定学习课题和研究主题，激发学生主动发现问题的能力，确定研究对象，提供研究思路，充分调动学生的积极性去发现问题。最后，确定研究方向后要提供研究的基本方法，通过文献资料的查询，开发学生发散性思维，生成新问题，也是实现研学作用的关键环节。

3. 研学教育服务工作的实施

（1）研学导师要进行及时的研学修正

研学旅行必须突出其体验性这一特征，而不是"课堂搬家"那么简单。以前书本上生冷的知识在研学旅行的真正接触中加深理解，使得学习更有深度，记忆更加牢固。

（2）旅行结束后的分享评价总结工作

泰勒在《课程与教学的基本原理》中认为，课程评价就是课程和教学实现教育目标的程度。目前，研学旅行活动课程的课程评价部分并不完善，很多学校的评价只浮于表面，没有达到促进课程改进与完善、发展学生的目的，其关键是在于我国的研学旅行未能形成全面的评价系统。研学旅行结束后，研学导师应该从学生的行为变化以及变化程度两方面来考虑评价研学旅行活动。首先要进行主体多元化的评价，研学旅行的参与者包括学生、教师、校领导、家长、导游、医护等不同群体，通过这些不同主体来评价研学旅行活动及其课程具有全面性和客观性。其次，应该从知识、能力与方法、情感与价值观三个方面考查学生。知识方面，重在考查学生行为规范和文明礼仪的掌握情况，理解纪律、规则的程度以及相关知识对个人生存、社会发展的意义；考查学生对生产加工知识、经营消费知识的理解掌握程度，重点考查学生对科技知识在人们生活中运用的体会；考查学生对蕴含在实践活动中的跨学科知识的掌握程度，重点考查学生对学科知识的运用；对学生知识的考察，还应包括策划、实施、总结等方面。能力与方法方面，考查学生健康、环保的生活和旅行习惯的养成情况；学生能否清晰的表达自我，倾听他人的见解，体会他人的感受；学生在与他人交往时，能否做到和平相处、交流；学生在集体中，形成自我认知、团结协作、团队管理、人际交往等能力的情况；学生是否形成"发现并提出问题，选择创造性的方法解决问题"的能力，重点考查学生这种能力有了多大程度的发展；学生审时度势，随机应变调整计划的能力是否有所提升，在搜集和处理信息的能力和方法方面有无改善。情感与价值观方面，考查学生是否乐于动手动脑，能够自理生活，是否学会乐观做人做事；学生身心健康状况，是否养成了热爱集体、团结协作、意志坚强的品质；学生是否养成了解决问题的高效率和高质量意识；学生对祖国大好山河的热爱程度，对中华民族传统美德的发扬精神等，是否成为一名自觉文明的旅行者。最后，在评价方法的选择上，应该根据研学活动的主体、组织形式、课程内容等选择恰当的方法。

（3）深化巩固研学旅行成果

研学旅行结束以后，无论是学校、导师还是参与研学的青少年，除了要进行分享评价工作，还要进一步深化巩固研学旅行成果。从学生方面来说，举办各种研学后续活动，比如让学生撰写研学游记、调查报告，开展旅游产品设计大赛，征文大赛，摄影展等，激发学生研学旅行的激情和创造力，促进研学成果的深化和拓展，让学生全面了解研学的前中后整个过程，扩大受益面。从研学导师方面，加强教师成为研学导师的专业化培养，在教师专业教育技能的基础上，增加研学旅行基地和研学能力的学习，不断推进研学课程改进，开发出真正切合学校、学生实际的特色课程，促进研学旅行的常态化。

第三节　研学导师基本素养

在国家旅游局出台的《研学旅行服务规范》中明确提出，研学导师（Study Tutor）是在研学旅行过程中，具体制定或实施研学旅行教育方案，指导学生开展各类体验活动的专业人员。

研学导师是全能型职业人员，要有导游人员的带团与控团能力以及教师的教育素养和教育技能。研学导师要正确识别高职生的认知规律和身心特点，适时引导和鼓励，帮助学生提高探究能力和思维品质。可见，研学导师是既有导游服务能力又有教育教学水平的新兴职业人员，是研学实践中的灯塔和旗帜。

一、研学导师的角色及特点

（一）研学导师的角色

国家旅游局发布了《研学旅行服务规范》行业标准，对研学导师进行了概念界定："在研学旅行过程中，具体制定或实施研学旅行教育方案，指导学生开展各类体验活动的专业人员。"要求研学活动承办方"应至少为每个研学旅行团队配置一名研学导师，研学导师负责制定研学旅行教育工作计划，在带队老师、导游员等工作人员的配合下提供研学旅行教育服务"。由此可见，研学导师要能够根据研学旅行目标制定的研学计划，有效地组织学生在研中学、在学中研。研学导师既不同于学校的带队老师，又区别于导游，是一个专业型、综合型角色，需要经过专门训练，具备专业素养。

（二）研学导师的特征

1. 专业性

研学导师需要受过专门的教育和训练，具有从事研学旅行的专门知识、技能。研学导师与学校教师不同：学校教师注重的是书本知识的传授，让学生在短时间内高效、系统地掌握"是什么"，教学内容主要以间接经验为主；而研学导师更加注重培养学生自主探索的方法和态度，引导学生自主探究"为什么""怎么办"，并引导学生将直接经验和间接经验结合起来体验生活、探索世界。

2. 教育性

研学旅行是一种实践导向型的教育活动，目的是全面提升学生综合素养。学校教育主要在教室中进行，以班级授课制为基本的教学组织形式；而研学旅行的场所多在室外，学生缺乏相关的活动经验，若缺少研学导师的教育引领，学生可能会自由散漫、茫然无措，难以达到研学的效果。

3. 服务性

研学导师负责整个研学旅行过程的实施管理，除了设计、组织、引导学生进行研学活动之外，还要设计研学旅行的活动路线，协调研学旅行的实践基地，负责研学旅行中学生的生活保障和安全保障……因此，研学导师还是服务性的专业人员。研学旅行往往以集体的形式进行，人数比较多，规模比较大，研学导师需要根据研学项目、研学成员等的特点，制订研学前、研学中、研学后的个性化服务方案，以确保研学旅行的效果。

4. 综合性

研学导师是集教师、导游、辅导员、安全员、后勤管理员于一身的综合性角色。研学过程中，研学导师既要根据学生身心发展的规律和特点，运用教育学、心理学知识解决研学旅行中的教育问题，以落实研学目标，又要密切关注学生的动态，把握学生的身心状况，及时解决学生的生活、心理、情绪等问题，保证学生的身心健康。研学旅行结束后，研学导师还要负责后续相关事项的处理。

二、研学导师的专业素养

作为专业型、综合型角色，研学导师需要具备良好的专业素养。研学导师应具备以下六大专业素养：

(一) 知识能力素养

要组织好研学旅行这一特殊的课程活动，研学导师需要具备一定的知识能力素养。一方面，研学导师要具备完备的研学旅行知识体系，主要涉及研学课程知识、安全知识、室外活动知识等；另一方面，研学导师要具备带领学生研学的能力，灵活运用所学知识解决实际问题，将知识技能与研学情境结合起来，引导学生在研中学、在学中研。"创造性有一个重要特点，即要创造就必须具备获取基本背景知识的能力。"知识能力素养是研学导师必须具备的最基础的素养，只有掌握丰富的研学知识、具有较强的研学能力，研学导师才有可能创造性地开展工作。

(二) 信息素养

在学科教学中，学生接触的信息大多是给定的、受控的；但研学旅行不同，学生在相对开放的研学场所接收到的信息更为丰富、更加繁杂。这就要求研学导师具有较好的信息素养。教师信息素养主要包括信息态度、信息意识与信息能力，其核心是信息能力。从综合应用信息的视角来看，教师信息能力中最主要的部分是应用信息来解决教学实践工作中遇到的问题的能力。在这个信息化的社会中，研学导师一方面要注重提高自己收集处理信息的能力，全面收集整合关于研学主体、研学主题、研学目标、研学内容、研学场所等方面的信息，以更好地设计、组织、指导研学旅行活动，解决研学旅行活动中遇到的实际问题；另一方面，还要克服"学校教育常常只是轻轻掠过信息的表面"的弊端，引导学生学会收集和管理信息、解码和释读信息、筛选和应用信息，透过信息表层去挖掘其更深的意义，从而在繁杂的信息中发现并利用重要的信息。

(三) 实践素养

研究性学习作为一种跨学科的综合实践活动，是一种重问题解决和探究过程的开放式学习，说到底是一门实践的艺术。作为一种实践性学习，研学旅行在要求学生具有较强的实践能力的同时，也对研学导师的实践素养提出了较高的要求。相对于学校学习，研学旅行的实践场景是不断变化的，实践方式是丰富多样的，实践过程中也有更多的变数，这要求研学导师不仅要具有实践能力、实践经验，而且必须富有实践智慧，在研学旅行过程中表现出足够的教学机制。教学机制是"能使教师在不断变化的教育情境中随机应变的细心的技能"。在研学旅行过程中，研学导师要能根据具体的教育情境随机应变，对非预期的生成性问题、突发性情况及时做出反应，从而促进研学旅行活动的顺利开展。

（四）研究素养

教师成为研究者，是学生开展研究性学习的前提。对于研学旅行来说，"教师成为研究者"具有特别重要的意义，研学导师的研究素养在很大程度上决定了研学旅行的质态。

（五）生态素养

生态素养是人们在学习和生活中逐渐学习积累而形成的关于生态知识、生态意识和生态行为能力的综合素养。当下，很多研学旅行活动都是在自然中开展的，这对于培养高职生生态素养具有天然的优势，能够引导学生在研学活动中增强生态意识，内化生态知识，实施生态行为。生态素养最终表现为生态行为，因此，在研学旅行中，教师不仅要展现良好的生态意识和丰富的生态知识，更要实施生态行为，言传身教，为学生做好榜样。同时，研学导师要善于把自身的生态素养转化为生态教育的资源和手段，引导和鼓励学生走进自然、了解自然、融入自然，反思现代社会的生态环境问题，思考与自然和谐相处之道，进而在研学活动中形成绿色、健康的学习和生活方式。

（六）安全素养

安全虽然不是研学旅行的内容要素，但在研学旅行组织管理中无疑处于重中之重的位置。研学导师作为研学旅行活动的主要设计者、组织者、管理者，无疑要具有良好的安全素养。研究表明：从学生角度来看，对参与研学旅行的影响由大到小依次是效果程度、外界影响、学习程度、安全因素、时间因素、心理状态、目的地等；从家长角度来看，对是否赞同孩子参与研学旅行的影响由大到小依次为安全因素、外界影响、时间因素、学习程度、心理状态等。由此可见，无论是家长还是学生，都非常重视研学旅行的安全。这就要求研学导师具有良好的安全素养，在设计研学旅行方案时充分考虑可能遇到的安全问题，并制订相应的预案；在研学旅行过程中时刻关注学生的安全，对可能发生的危险事件做出预判并进行规避；具备一定的急救能力和应变能力，在研学旅行过程中遇到危险事件时能够及时、冷静、有效地加以处置，最大限度地保护学生的安全。

三、研学导师应具备的能力

（一）讲解能力

研学导师要综合运用置疑法、叙述法、突出重点法、触景生情法、制造悬念法、类比法、画龙点睛法帮助学生理解研学对象。描述性语言的藻丽美、叙述性语言的流畅美、置疑方式的得体美、缩距技巧的熨帖美、点化技巧的升华美应该在其语言中得到体现。

（二）知识链接能力

研学导师既要对目的地的风土人情、地格文脉有深入的了解，又要对研学基地和研学对象有精准的把握。当学生在探究过程中前来咨询或提出困惑时，研学导师要对知识进行大百科全书式的链接，帮助学生答疑解惑。

(三) 管理能力

研学导师要参与学生管理计划的制订；对学生在研学旅行目的地居停活动进行组织；遇到突发事件，尤其是安全事件时要对学生加以从容指挥；还要对研学旅行的快慢节奏进行控制。研学导师要具备管理者的权威，以身作则，以良好的修养、严谨的态度和健康的审美情趣投入到对学生和行程的管理中来。

(四) 沟通能力

研学旅行的过程中，研学导师需要与校方带队教师、安全员、学生、旅行社、酒店、车队、研学基地等主体进行多方沟通。研学导师在落实研学旅行活动流程的过程中要与各种角色打交道，应对各种突发状况，化解各种矛盾冲突，进行各种情况说明，以确保活动顺利、有序、有效的开展。

(五) 观察能力

研学导师要具有敏锐的观察能力，既能观察学生的群体行为，又能够识别学生的个性特征，才能对学生的集体行为和个体行为做有效的引导和帮助。尤其是对安全问题的防控，更需要研学导师有鹰一样锐利的双眼，能够预判各种不良后果，及时制止学生的不当行为，排除隐患。

四、研学旅行实施前研学导师的工作要点

(一) 研读并理解活动课程目标

研学导师拿到课程方案后，先要阅读目标。不同于学科课程以知识掌握和技能养成为目标。研学旅行课程方案中的目标多从学生核心素养的提升、核心能力养成方面进行表述。如提升信息的采集、加工、处理能力；提高统筹规划意识和能力；提升审美能力；提升克服困难的勇气，增强自信心，养成同学之间互助互爱的优良品德；感知团队合作的重要性，提升团队意识；提高口语表达、认真倾听、日常交际的能力等。也就是说，明确了目标才能对学生进行有效的引导。

(二) 熟记研学旅行的活动行程

研学导师在带队前一定要将实施的流程熟记于心。包括活动时间、地点，每个节点的活动时长、每个研学基地的名称、要组织学生体验和探究的内容、学生要完成的任务，活动方式、各种安全预案等。

(三) 深入理解过程及结果评价量表

研学旅行的评价是对研学旅行活动目标完成度的检验。研学导师要对学生的活动过程和活动结果进行评价，这是课程方案中必须具备的环节。研学旅行的过程评价侧重于学生探究过程中知识、技能的运用，探究态度，合作中的参与程度等方面的评价。对学生研究

结果的评价要在活动结束后进行。研学导师要在带团队前准备好评价量表，并对量表中的各项量规仔细研读领会，以便在现场活动中客观、有效地完成对学生的评价。

五、课程实施中研学导师应掌握的几种引导方法

（一）创设情景法

研学导师应该认识到，情境对学生的学习十分重要，如果只是干巴巴地进行知识的介绍，不会引发学生的探究欲望。悬念迭起、疑问丛生的场面，能使学生积极主动，不知疲倦地探讨疑难边。学生本身有强烈的情感，挖掘情感因素，把学生带入情境，将学生的情感变成研学导师与学生的共同感情，就会形成良好的学习情境，在这样的情境中两者的情感趋于一致，思想产生共鸣。

以紫禁城的讲解引导为例。如果进行如下的讲解：即将参观的紫禁城最早是于1406年由明太祖朱棣满足迁都的需要而兴建的。年代比较久远，里面都是文物，大家参观期间要遵守纪律。

这种讲解方法虽然没有知识性错误，但是枯燥乏味，对学生也没有什么打动作用。学生很难领会紫禁城的建设背景。但是，当研学导师创设情境，进行如下讲解，效果会大不相同。

当年，国家的首都不在北京，而是在今天的南京。要把都城迁到北京是一项浩大的工程。建造宫殿、搬运器物要花掉国库很多银子。百姓们也要离开生于斯长于斯的故土家园，千里跋涉到气候不同、生活习惯不同的陌生的地方，他们该有多痛苦呀。所以，朱棣一提出迁都就遭到了文武大臣的反对。但他最终力排众议坚持迁都。1406年，开始兴建北京皇宫。光开采名贵的木材、石料，然后再运到北京，其中的准备工作就持续了将近11年之久。为了这些木材和建筑材料，很多劳工付出了鲜血、汗水、生命，无论是严寒酷暑，寒冬腊月，他们都在不停工作，寻找建筑所用的材料并进行打磨。1420年，北京皇宫和北京城就建成了，明成祖正式下召迁都，北京成为京师。所以大家即将拜访的故宫博物院是凝聚着我们祖先的鲜血、汗水和生命的，请大家以敬畏的心态对待祖先给我们留下的宝贵财富。

（二）设置悬念法

研学导师在讲解时不直接告诉学生答案，而是采用问题引领的方式让学生自己探究答案，最后再告知正确答案。如午门的造型是主门＋左右两侧的城墙合在一起，好似一只振翅欲飞的凤凰，故午门又名"五凤楼"。在讲解的时候导师先提出问题，五门又叫"五凤楼"，请大家认真观察主门与左右两侧城墙的布局关系，猜测一下它为什么有这样的名字？

（三）类比法

就是以熟喻生，达到类比旁通的讲解方法。研学导师在讲解过程中用旅游者熟悉的事

物和眼前的景物相比较，定会使学生感到亲切，便于他们理解，从而达到事半功倍的导游效果页。

在故宫讲解时，与其说故宫是明清两朝 24 代帝王居住、生活、办公的地方，不如说"我们每个人都有家，家是我们居住的地方，记录着我们生活的点点滴滴。其实故宫也是一个家，在这个家里先后住过两户人家，一户姓朱，一户姓爱新觉罗，这里先后居住过明清两代 24 个皇帝及家人。他们的日常生活与很多历史事件有密切关系"。类比的方法让学生拉近与故宫的距离。

（四）虚实结合法

虚实结合法是指在讲解中将典故、传说与景物介绍有机结合的讲授方法。这样的导游讲解能够产生艺术感染力，使现场气氛轻松愉快"实"就是实景、实物、史实、艺术价值等"虚"就是与实景、实物有关的民间传说、神话故事、轶闻趣事等。在讲解时，必须将"虚"与"实"有机结合，以"实"为主，以"虚"为辅"虚"为"实"服务，而且"虚"的内容要"精"、要"活"。

（五）任务导向法

就是研学导师为学生设置任务，让学生自己身体力行地探究答案的方法。例如，在讲解御花园四亭的时候，导师先告诉学生御花园里面有四座亭子象征春夏秋冬四季，然后让学生自己通过一系列考察，判断出哪座亭子对应哪个季节，并陈述理由。

（六）多种讲解方法综合运用

上述每种讲解都有自己的优势和局限性，因此在研学导师进行课程实施时，最好能够综合运用不同的方法，帮助学生全方位地理解研学对象。

学生研学旅行蓬勃发展的当下，对研学导师的需求量持续增长，研学导师要不断提升自身的素养和能力、探寻科学的引导方法，才能在研学旅行的大潮中稳步前行并助推行业发展。

第四节　研学导师的培养路径

研学旅行作为一种创新教育形式，在现阶段呈现出巨大的市场活力。但由于其在中国当代教育的发展中起步较晚，研学导师的培养严重滞后于产业发展。高职院校作为高技能专业人才成长的摇篮，满足市场需求，加快研学人才培养迫在眉睫。

一、研学导师的岗位内涵及能力要求

1. 研学导师与导游的岗位内涵比较

作为跨界旅游产品和新兴业态，研学旅行与传统旅游有着本质的区别。传统旅游是为

了满足来自不同社会阶层的广大旅游者求奇好新的需求而开展的一种以审美和愉悦为目的的旅游活动。而研学旅行则是专门以高职生为主体对象，由教育部门和学校共同组织安排，以集体旅行生活为载体，以提升学生素质为教学目的，依托旅游吸引物等社会资源，进行体验式教育和研究性学习的一种教育活动。尽管两者都是委托旅行社来提供服务，但由于本质属性不一样，前者是纯粹的旅游活动，后者是与旅行体验结合的教育活动，且服务对象、服务方式和服务内容都存在着较大的差异，那么为传统旅游提供服务的导游和为研学旅行提供服务的研学导师，其岗位内涵必然存在着较大的差异。课题组以工作界定为视角，结合《导游服务规范》和《研学旅行服务规范》中相关内容，重点选择了6个方面进行比较。

相对导游的常规服务项目，研学导师增加了制定研学旅行教育方案和实施教育服务项目。从讲解内容上看，研学导师是围绕研学课程目标对相关知识点和技能进行教授，以及对研学基地专项知识进行讲解，并引导和指导学生通过学习和探究完成课程内容；而导游则是通过沿途风光介绍和景区景点讲解来满足游客的体验需求和精神享受。在研学旅行活动中，研学导师的职责重点在于"师"，即如何让学生"学得高效"；而在传统旅游活中，导游的职责重点则在于"游"，即如何引导游客"玩得尽兴"。从执业资格来看，研学导师不仅要获得导游资格证，还需要获得教师资格证。综上所述，研学导师的工作岗位内涵较导游而言，更广更深，其所对应的职业能力不仅要具备传统的导游能力，还需要具备教育教学能力。

2. 研学导师的能力要求

为了促进地方研学旅行市场健康有序发展，武汉市率全国之先确立并发布了《武汉市学生研学旅行标准》，该标准的第三部分为《导师评定与服务规范》，其中对研学导师资质、职业规范、专业素养、服务内容、评价与激励、评定与复核等方面进行了详细的规定。这无疑对研学导师职业能力的进一步明确起到了积极引导作用。课题组针对武汉市多家旅行社研学部进行了调研，充分了解了研学导师岗位的工作描述和具体招聘要求，并结合《导师评定与服务规范》中的相关规定，对研学导师的职业能力进行了整理和提炼。文章根据岗位内涵和特性将研学导师职业能力分为四个模块，即职业品质、导游能力、教育教学能力和特殊专项能力。

1）职业品质

作为社会职业人士，热爱祖国、遵纪守法是最基本的职业品性。研学导师本身兼具"师"的责任，其服务对象是"高职生"这一特殊人群，他们并不像成人游客具有较强的行为能力和自控能力，这就要求研学导师还要具备对未成年人的爱心、耐心和强烈的责任心。

2）导游能力

研学旅行和传统旅游都属于参与者离开日常熟悉的生活环境前往异地的活动，二者都具备异地活动的特点，进而产生食、宿、行、游等物质需求和求新求异的心理需求。所以，研学导师需要具备传统导游能力。一般而言，导游能力可分为三个方面：（1）组织管理能力，即在研学活动中管理好团队中的大小事务，能与景区、研学基地、学校密切合作，并协调好各方人际关系；（2）导游讲解能力，即掌握导游基础知识，知晓旅游景点的相关知识，并能用清晰流利的语言进行讲解的能力；（3）导游服务能力，即在交通、住宿、餐饮、安全等方面对参加者提供服务，并能处理突发情况和意外事故的应变能力。

3）教育教学能力

此模块是研学导师的核心职业能力，也是区别于传统导游人员的重要能力。按照教育教学规律和程序，可将其分为四个方面：（1）课程设计能力，即能针对6~18岁青少年进行研学产品的线路开发与设计，形成研学课程，并撰写教学大纲和教案；（2）课程实施能力，即具备亲和力和青少年心理学知识，能清晰流畅地讲解研学课程的学习目的、学习内容、学习方法和要求，并能组织和引导学员参与研学教育主题活动；（3）课程监控能力，即能及时关注学生反应和反馈，对课程实施中出现的细节问题能及时调整教学方法，因材施教；（4）课程评价能力，即能有效运用教育学的基本理论和规律，对学生行中表现和行后研学作业进行科学评价，并及时获取学生、教师和家长对研学教育的反馈。

4）特殊专项能力

此能力模块主要包括两个方面：引导观察与合作、安全知识与急救。由于研学旅行是以旅游资源为载体的动态教育教学过程，既包括研学课程中相关知识点和技能的讲授，也包括旅途中对自然和人文景观的感知。所以，一方面，不仅需要研学导师具有课堂教学的能力，还需要在整个旅程中引导学生对外界观察，并进行自主、合作、探究式的主动学习。另一方面，研学旅行相对于普通课外活动，其复杂度和风险度较高，研学导师需要具备安全知识与急救能力，即具备意外事故应对的安全知识，并能对中暑、骨折、呼吸急促等部分意外事故实施急救。

二、研学导师人才的培养现状

课题组通过问卷调查和访谈的方式对全国多家旅游企业和高职院校进行调研，了解到现阶段研学人才的培养主要有如下两大途径：

1. 旅行社对导游人员进行"研学导师"培训

目前，研学旅行市场的从业人员主要以旅行社传统导游为主。从产业属性来说，研学旅行属于旅游业中的新兴业态；从执业要求来说，研学导师与传统导游有着一定的交集，且对实战经验要求较高；从人才供给来看，市场发展还不成熟，基于《研学旅行服务规范》和《导师服务规范》的人才培养研究尚处于起步阶段。在此背景下，面对日益膨胀的市场需求，旅行社多方权衡，选择了最为便捷的途径，即针对现有的导游人员进行研学导师岗位的知识补充培训。待相关培训考核结束后，导游人员便可以以研学导师的身份来开展业务。这种人才培养方式的优点是周期短、针对性强，成本低，能迅速缓解研学旅行市场人力匮乏的问题。但是，这种企业短期培训的方式往往忽略了研学导师应具备的核心能力和素质，尤其是对教育教学能力的培养不足，又或是力不从心，从而使得人才培养缺乏专业性和标准化，最终难以满足市场对高素质研学导师人才的强烈需求。

2. 依托高职院校学历教育进行专门人才培养

从研学导师岗位内涵来看，其对技能和实践性要求较高，符合高职教育的人才培养特点，所以现阶段在学历教育中主要以高职院校人才培养为主。目前大部分高职院校都是在旅游管理专业下设研学导师方向或者成立研学导师班，并不断在人才培养方案和课程体系建设中进行改革和创新研究。通过调研，笔者了解到如何建立研学人才培养机制、如何在课程内容和实施中融入研学导师所需的核心能力，如何打造优秀师资团队，已成为专业方向人才培养的主要思考点。尽管高职教育在研学人才的培养中尚处于初步探索阶段，但其长期以来在高技能复合型人才的培养中积累的丰富经验和实践成果，让行业充满信心。不少旅行社纷纷表示，从长远来看，依托高职院校培养优秀专业的研学导师是解决研学市场人才匮乏的根本之路。

三、研学导师专业素养的培养路径

（一）研制研学导师专业标准

在研学导师专业标准建设方面，澳大利亚给我们提供了有益的借鉴。澳大利亚在高职专门设置了从事户外教育活动的教师岗位，制定了《户外教育教师专业标准》，对户外教育教师的专业标准和任教资格进行了明确的规定。在我国，研学导师往往由非专业教师、高等院校学生、研学旅行机构普通工作人员担任，并没有关于研学导师专业标准和任教资格的规定，这必将影响研学旅行的实际效果。因此，我国应加紧研制研学导师专业标准，对研学导师的专业理念、专业知识、专业能力做出明确规定；完善配套制度，就研学导师的培养培训、入职条件、资格认证等做出明确规定。

（二）开展研学导师培养培训

因为未经受规范的培养培训，当前研学导师专业素养整体不高，对研学旅行的价值与性质认识不清，研学旅行项目开发和实施效果不好。澳大利亚《户外教育教师专业标准》严格规定了户外教育教师的培养培训要求：从事高中户外教育或户外与环境研究的教师须至少有1年的大学本科户外教育学习经历，对户外教育教学有一定的研究，且能够成功完成教学实习；高中以下阶段的户外教师须参加至少6个月的大学本科户外教育学习，具备户外教育教学知识和技能，并顺利完成教学实习。基于研学旅行已在高职广泛开展这一现实，我国迫切需要建立研学导师培养培训制度，开展规范化、制度化的培养培训，切实提高研学导师的基本素养。研学导师的培养培训包括：

（1）传授理论知识，如研学旅行的基本理论、价值意义、主要内容、基本方式等；（2）培养基本技能，如研学旅行的方案设计、组织管理、评价反馈、应急处置等；（3）组织研学实习，学员部分或全程实习研学旅行项目的组织与实施，提高研学指导实践能力。

（三）构建研学导师评价机制

评价具有改进功能。构建研学导师评价机制，对于研学导师的成长具有积极的促进作用。研学导师的专业素养不仅是静态的存在，更体现在研学旅行的整个过程之中，因此，应在研学旅行实践中对研学导师进行评价。评价主要可从以下几方面进行：从研学目标设计的角度，看研学导师对目标、内容与结构的设计是否合理，能否引导学生理解并实现研学目标，能否根据实际情况适时调整研学目标，等等；从研学内容选择的角度，看研学导师能否选择能够支撑目标实现的研学内容，能否有效应对研学旅行实践中的生成性内容，等等；从研学活动实施的角度，看研学导师是否准备充分，能否遵循教育教学规律开展活动，等等；从研学活动管理的角度，看研学导师能否有效掌控研学活动过程，遇到突发情况能否予以恰当应对，等等；从研学活动评价的角度，看研学导师能否对研学活动进行及时评价，能否根据评价结果及时调整活动方案，研学活动后能否进行后续的观察和跟踪，等等。研学导师评价的主体既包括学生、带队教师等研学旅行活动的直接参与者，也包括家长、研学基地负责人等研学旅行活动的相关人员。要注重研学导师评价结果的收集、整理、归档，将其作为对研学导师进行考核和培训的依据。

（四）优化研学导师成长环境

研学导师专业素养的提升需要良好环境的支撑。研学导师的培养不仅是政府相关部门和高校的职责，与研学旅行机构、高职学校等相关主体也密切相关。因此，各方应协同合作，全方位营造有利于研学导师成长的环境。政府相关部门应出台研学导师专业标准，明确研学导师的学历要求、专业素养、实习经历、资格认证方式等；高等院校应开设相关专业或课程，培养专业的研学导师，开展研学导师职后培训；研学旅行机构应建立专职研学导师队伍，接纳高校相关专业学生开展专业实习，为研学导师的培养培训提供资源支持和实践机会；学校可设置专兼职研学导师岗位，鼓励教师参与研学导师专业培训。

四、高职研学导师人才培养的相关建议

1. 明确研学专业方向现代学徒制人才培养目标

近年来，旅游高等职业教育通过不断深化教学改革、优化教育环境，已在现代学徒制的人才培养实践中结出累累硕果，这无疑为研学导师人才的培养模式奠定了良好基础。作为旅游管理大类下的专业方向，研学导师的培养可继续深化校企共育模式，借助旅游管理专业在长期发展中积淀的行业资源优势，通过校企深度融合，共同完成人才培养的顶层设

计。基于现代学徒制的高职研学导师方向人才培养应以市场需求为导向，通过对研学导师职业内涵和工作要求的分析与研究来确定培养目标。笔者认为，高职研学导师的人才培养目标为：培养具有品德高尚、耐心细致的职业气质，具备现代教育理念和较高人文素养，熟悉高职生教育教学规律，掌握旅游学科基础知识和团队服务技巧，能够从事研学线路开发、研学课程设计与实施以及相关研学指导工作的复合型高技能人才。在明确人才培养目标的基础上，再结合职业素养、能力和专业知识等方面明确人才培养规格。根据"培养目标—人才规格—课程体系"的基本思路，结合现代学徒制的特点，制定人才培养方案。

2. 构建"旅游 + 教育"跨界融合的新型课程体系

研学旅行属于体验式教育和旅游业跨界融合的产物，这就决定了其专业课程体系应具备"旅游 + 教育"综合性和跨学科的特点。课程设置应以研学导师职业能力为导向，突出跨界能力和创新能力的培养。基于研学导师岗位内涵以及能力素质需求分析，笔者认为可设置四大课程模块：（1）职业素养模块，包括职业道德、礼仪、语言表达等方面的综合知识，旨在培养学生的职业品质和通识能力；（2）导游能力模块，包括旅游基础知识、导游带团知识和政策法规知识，旨在培养学生组织管理、导游讲解和导游服务能力；（3）教育教学能力模块，包括教育心理学知识、教学设计和教案撰写知识、研学旅行相关理论，旨在培养学生能准确把握高职生的心理特点，运用教育理念和教学方法创设不同研学情景，开展不同研学活动的能力；（4）特殊专项能力模块，包括旅游应急安全知识、体验式学习的相关理论，旨在培养学生的基本急救能力、风险判断能力、团队建设能力和创新能力。该课程体系在原有旅游管理学科知识体系中，交叉融入教育学、心理学方面知识，突出对学生综合素养和跨界能力的培养。

3. 校企产教深度融合，共建研学人才输送和培养基地

高职院校应联合文旅企业，共建人才输送和培养基地，推进现代学徒制人才培养模式的创新，提升人才培养质量。一方面，通过校企联合招生和订单班形式建立研学导师生源基地，同时借助合作企业资源优势，引入真实的研学旅行实训项目和师资，为校内实践教学提供智力支持。另一方面，分阶段建立校外实习机制。学生在大一和大二阶段可以通过赴旅行社和基地进行短期研学跟岗实习，了解研学旅行的业务运作，体验研学导师的日常工作，在真实工作环境中不断提升研学导师素养；在大三阶段，通过为期半年到一年的顶岗实习，着重培养学生在研学产品设计、研学课程讲解和研学效果评价等方面的实践创新能力。此外，文旅企业和研学基地还可以依托高职教育教学资源优势，联合部分高职院校打造地方研学人才培训基地，为新员工入职、老员工转岗或技能提升提供社会培训项目。

4. 加强师资培养，建设专兼结合的"双导师"教师团队

基于现代学徒制的研学人才培养中，"双导师"制是保证人才培养质量的重要途径。这就要求高职院校通过深度校企融合，共建一批专兼结合的"双导师"教师团队。由于研学导师是集教育、旅游和心理辅导等多项技能为一身的跨界型职业，这就使得"双导师"

制的教学特点与研学导师职业能力结构高度契合。具有高职旅游教育背景的专职教师可以发挥其"教育和心理"方面的优势，给予学生在教育学、心理学、课程设计与开发、课堂教学等方面的学习指导，引导学生树立教育情怀、掌握教育理论和规律。来自研学业务机构的企业导师则可以充分发挥其在"旅游和研学"方面的优势，在学生实训和顶岗实习中给予实践指导，培养学生的带团技巧，使学生掌握扎实的研学综合实践能力。同时，这支专兼结合的教师队伍也可以发挥其在各自领域中的资源优势，帮助对方补齐短板。例如，专职教师可以赴合作企业挂职锻炼，提升研学实践能力，而企业导师也可以邀请专业教师一同进行研学课程的设计与开发，丰富产品内涵，提升产品质量。

第十一章　研学旅行的安全管理

第一节　研学旅行安全事故

一、我国高职研学旅行现行安全管理办法

研学旅行的突发事件发生在"行"的过程中，与旅游活动有相似性，结合我国对旅游行业突发事件及高职校园突发事件的分类，研学旅行突发事件主要有自然灾害、事故灾难、公共卫生事件、社会安全事件、活动管理事件以及研学旅行重大危机事件等类型但并不只限于这些。

法律法规方面，我国还没有针对高职研学旅行的法律，参照《学生伤害事故处理办法》第二条规定：研学旅行的安全责任主体为学校，学校应对学生进行安全教育，应保证提供的设施安全；学校有义务进行研学旅行突发事件的救援及信息提供工作。在教育部发布的《意见》中，要求建立安全责任体系，与研学旅行参与方进行责任界定，优化研学旅行保险机制。但目前在法律法规中还没有对于事故类型、事故责任的划分标准，学校作为研学旅行主办方缺乏在法律法规方面的免责条款，各环节权责仍不清晰。法律法规是应急管理实施的依据，应在科学、有效、规范的前提下加快研学旅行方面的立法工作。

资质审核方面，原国家旅游局发布的《研学旅行服务规范》中要求研学旅行的承办方具有 AA 级旅行社资质，供应方具备相关的经营资质。旅行社在旅行服务中具有突出优势，了解目的地环境、住宿、餐饮。但由于旅行社不具备教育资源，会让人担忧出现游大过于学的现象，2019 年底，沈阳市旅委发文指出"严禁旅行社组织高职生参加夏（冬）令营及游学等相关活动"，这一举措是为保障研学旅行以学习为目标的原则，但如此一刀切的做法，也加大了研学旅行的安全隐患。通过合理的资质审核可以有效防范不正规的机构入场，降低事故发生概率。应采用不同环节的不同准入标准对研学旅行主办方、承办方等进行资质的持续审核，并将信息纳入应急管理办法。

研学旅行培训主要面对学生以及带队老师。对学生进行安全培训是学校的职责，目前的行前培训以行前说明会的形式进行，向学生及学生家长介绍团队集合当日具体出发时间及集合地点、随团带队老师及工作人员、校外课程的行程安排、食宿标准、目的地天气及风俗习惯、安全保障、应急预案及目的地医疗设施、校外活动纪律，并要求在安全培训结束后，提交填写好的《学生基础情况表》。行前说明会是应急管理工作的一部分，将行程

信息以通知的形式传达给学生和家长，学生和家长根据自身对信息的理解，对行程风险进行判断。带队老师的培训，由中国国家培训网、人社部、北京师范大学陆续推出了一系列的研学导师培训课程，课程面向在校老师、旅行社工作人员以及研学机构工作人员开阵，培训时间一般为 2 天，结业后由不同机构给予研学导师证书。在国家没有统一的研学导师培训内容之前，各部门的研学培训在各自领域上有一定的帮助，弥补了研学导师往往是教育工作者或旅游工作者，缺乏承担研学旅行工作重要技能的问题。但同时我们也应该重视培训的科学性，我国对于教师有评课等教学水平要求，对于导游有年审等职业考核要求，应建立对于研学导师的履历记录，真正保障工作时的研学导师具备相应能力。

应急预案是应急管理的基础。原国家旅游局在发布的《研学旅行服务规范》中就提出，主办方、承办方及供应方应针对包括地震、火灾、食品卫生、设施设备突发故障等在内的多种突发事件制定相应的应急预案，并根据应急预案做好应急演练。各省级文件中也提出了对于应急预案的要求。但在实际操作时，应急预案主要针对与各方相关的安全责任，缺乏机构协同，易产生权责纠纷。

应急管理机制既可以将现行的安全管理办法纳入综合管理范畴，又可以促进各种安全管理办法的自身完善。高职研学旅行应急管理应符合我国应急管理发展现状，建立以数据为基础，以部门协同为机制，以风险预警、应急处置和恢复管理为核心的应急管理办法。

二、高职研学旅行安全保障体系的构建现状分析

1. 对高职研学旅行安全事故的界定

高职研学旅行安全事故是指学校在进行研学旅行过程中，高职生在参加学校的研学旅行课程中，因为各种原因导致其身体遭受伤害或者引发突发疾病的安全事故。按事故发生的性质来说，可以分为责任事故与非责任事故两种类型。责任事故的发生是可以预防和避免的，但却因为没有及时预防而造成的伤害事故。非责任事故主要包括自然灾害事故和技术事故，比如说地震、雪崩、山体滑坡、泥石流等造成的事故。如果按照特点来划分有突发性和非突发性的事故，如果按照伤害发生的程度来划分可以分为轻伤事故类型、重伤事故类型、死亡事故类型与特别重大事故类型。完善和健全高职研学旅行安全保障体系，能够保障高职研学旅行的安全进行。从程度上来说，研学旅行安全事故可分为一般、重大、特大和特别重大事故四个等级。

（1）一般事故是指造成 3 名游客以下死亡，或者 10 人以下重伤或食物中毒，或者涉旅企业 1000 万元以下直接经济损失的故事。（2）重大事故是指造成 3 名游客以上 10 名游客以下死亡，或者 10 人以上 50 人以下重伤或食物中毒，或者涉旅企业 1000 万元以上5000 万元以下直接经济损失的事故。（3）特大事故是指造成 10 名游客以上 30 名游客以下死亡，或者 50 人以上 100 人以下重伤或食物中毒，或者涉旅企业 5000 万元以上 1 亿元

以下直接经济损失的事故。（4）特别重大事故是指造成 30 人以上死亡，或者 100 人以上重伤或食物中毒，或者涉旅企业 1 亿元以上直接经济损失的事故。

2. 对高职研学旅行安全事故的现状分析

随着我国经济的发展，人们越来越重视学生综合素质的提高，研学旅行作为一门新的综合实践活动课程，受到大家的青睐。《全国高职安全形势分析报告》告诉我们，在各类学生安全事故中，有 10% 的事故是因自然灾害等客观原因导致的事故，然而有 90% 是属于各类安全责任事故。

三、高职研学旅行安全事故频发的成因分析

1. 学生方面

研学旅行作为学校教育和校外教育衔接的创新形式，是综合育人的有效途径。高职生作为研学旅行的主体，有着自身的特点，面对研学旅行这种新的综合实践活动课程，暴露出一些自身存在的弱点，主要有以下几个方面。

（1）高职生的安全意识薄弱

从安全方面考虑，学生的安全防范意识淡薄。大部分学生对研学旅行缺少安全防范和自我保护意识，缺乏对社会的了解，有较大的盲目性和随意性。虽然大部分同学对研学旅行都充满积极性，但由于学生欠缺校外活动的经验，动手操作能力偏弱，加上学生生活知识偏少，不知怎么样做好研学旅行的安全防范工作。因此，造成了一定的安全隐患，这是研学旅行安全事故的重要因素，培养学生的安全意识是学生健康成长的必要举措，加强高职生的安全教育极为重要。

（2）高职生普遍缺乏安全教育

在研学旅行过程中，因为学生人数多，且组织难度较大，对学生安全教育做不到位，出现敷衍了事的情况。而且，在研学旅行过程中，参与的老师少，学生比较多，学生的专业化的安全教育不够、组织经验不足、学校策划方案不周密等因素，导致高职生缺乏安全教育。学校的安全制度也趋于形式化，没有起到制约管理的作用。即使有安全教育，也因为缺乏安全教育资源，没有得到落实，仅仅是为了完成任务，思想上不重视，内容上趋于形式化。有些学校宣传工作不到位，一味地抓"升学率"、学生的比赛名次等一些显著性指标，对研学旅行的关注不够。

（3）高职生身体和心理素质偏差

研学旅行是一项注重体验性和探究性的校外活动。因为研学旅行课程有明显的挑战性和探险性。所以参与研学旅行时就需要学生有较好的心理素质，当学生遇到突发情况和问题时，都能够做到慎重对待。再加上学生知识结构不太合理，知识面相对狭窄，思维模式比较单一，面临新问题时常常不知所措，出现紧张、恐惧和逃避的现象。目前来说，大部分学生缺乏校外实践经验，心理素质普遍偏差。其次，学生自己的行为和自我保护意识不

够，比如，学生的身体素质差，患有先天性疾病。现在的学生大部分是独生子女，有的学生不能很好地适应新的学习环境；受家庭环境方面的影响，有的学生在性格方面比较孤僻，不太愿意与同学相处等。这些容易造成新的心理疾病，要及时对学生疏通，防止学生做出一些我们意想不到的事情，比如打架斗殴、恶意破坏公共财产等行为。

2. 学校方面

"学校是教育的核心单元，学校管理是学校开展各项工作并得以高效运行的重要保障。"研学旅行是集体活动，学生数量较多，管理难度较大，所以，必须借助老师和学生等力量，构建班级管理体制，确保研学旅行的高效进行。

（1）学校管理制度不完善

强化学校管理制度的管理，对加强研学旅行安全问题具有重要的作用。目前来说，学校是研学旅行的主要管理者，但学校并没有很好地发挥作用。其一，有很多学校在学生研学旅行方面，并没有制定相应的管理制度。目前的情况显示大部分学校缺少对学生突发情况的预案，导致很多学生在突发事件时，经常惊慌失措。其二，学校对研学旅行的组织者和学生的监督管理和技术指导不够，导致学生研学旅行的随意性大，思想上不太重视。在安全监管方面，学校对相关部门的教学和生活等方面的监管不到位。比如后勤部门和饮食部门对学生的食物监管不到位，容易因食物过期变质发生食物中毒。其三，在组织方面，学校没有专业教师的指导、在研学旅行过程中缺乏完善的研学计划和方案，并且师生之间没有很好的沟通和交流、对潜在的风险认识不够充分或者研学旅行的时间过于紧迫等原因，造成学生间踩踏事故的发生等。在环境因素方面，学校没有充分考虑好环境因素的影响，天气的骤然变化、洪水、温度的骤变、山体滑坡、雪崩等都可能对学生的安全造成危害，这些方面必须考虑清楚。

（2）学校救援系统不到位

学校需要建立必要的救援系统，进一步完善学生的安全体系建设。健全的救援体系是确保学生研学旅行安全的重要一步，对学生研学旅行安全问题的救援有关键性作用。在实践中，尽管我国在学生安全方面取得了一些效果，但是还没有达到科学、规范、高效的程度，所以我国研学旅行安全救援系统还需要进一步完善。

（3）学校缺乏必要的安全设备

对于校外活动来说，必要的安全设备必不可少。研学旅行过程中，如果设备质量不好，或者设备出现老化、破旧等现象都会给研学旅行的安全问题带来很大的威胁。在研学旅行前，一定要对基地的设备进行仔细的检查，避免不必要的安全问题的发生。由于学生数量多，学校必要时可购买必要的安全设备，为研学旅行的安全问题加一道防线。

第二节　研学旅行的安全保障体系

一、高职研学旅行安全保障体系的构建措施

学校安全工作作为一项社会性的系统工作，与学生的安危、家庭的幸福和社会的稳定等息息相关。因此，做好高职生研学旅行的安全工作，给学生创造安全、温馨的学习环境是非常重要的。研学旅行是教育教学的一门必修课程，但是其各方面的构建还不够成熟，所以，亟须探索科学的安全保障体系来保障研学旅行的顺利进行，确保研学旅行朝着安全化方向发展。

1. 加强对学生的安全教育，提高学生自我保护意识

高职研学旅行的安全教育工作是构建研学旅行安全保障体系的重要内容。因此，必须落实研学旅行的安全教育，树立"安全第一"的意识。加强研学旅行安全教育方面的工作，主要体现在如下方面：其一，要进一步完善研学旅行课程体系，加强研学旅行教师朝专业化的方向发展。其二，要注重学生的主体地位，加强学生的自我安全防范意识和应急处理能力的培养等，提高研学旅行学生的自我管理、自我服务和自我保护的能力。可以利用"全国高等教师网络培训中心"及"教师发展在线"对研学教师进行研学旅行培训，并指派专业教师对研学教师进行不定期的实践技能培训，同时颁发资格证书。其三，努力做好研学旅行的宣传工作，提高大家对研学旅行的认识，并树立自我保护意识。其四，正确认识自我，并学会自我调节，努力营造良好的人际关系，强化自我管理和自我服务的能力。

对学生进行安全教育，可以通过播放安全教育课程、主题班会、公益片等方式，提高学生的自我保护意识和能力。一方面，学校可以设立"学生权益委员会"。通过学生权益委员会来广泛收集同学们和教师们在研学旅行中对安全问题的意见和看法。同时有必要增加学生研学旅行安全保障监督方面的问题和看法，并且及时将相关问题准确地反馈给管理部门，这样的做法能够更好地维护学生的权益，同时也能完善研学旅行安全保障体系。另一方面，学校可以聘请外校的专家学者向学生讲授自我保护相关课程。与此同时，也可以采取知识竞赛、相应的激励方法来提高学生对安全问题的积极性，提高学生的自我保护意识。此外，教师可以在研学旅行中安排些有趣的活动，通过与学生的充分交流提高自己的管理意识。

2. 加强安全监督管理，建立责任追究机制

高职研学旅行安全监督管理是学校执行安全管理方案，能够合理控制高职研学旅行课程，避免在研学过程中发生安全意外，造成不必要的损失，是一种"防患于未然"的科学管理方法。高职研学旅行安全问题发生的时间不可预测，有可能是研学旅

行前、研学旅行中、研学旅行后。作为一名研学旅行的参与者，应该对高职研学旅行中存在的安全问题有一个全面的认识，在预测安全问题发生的时候，能够综合运用各种方法和手段，对研学旅行的安全问题进行妥善的处理，防止高职研学旅行安全事故的发生。

在高职研学旅行过程中建立和完善的在学校研学旅行安全保障体系，也不一定能够做到"防患于未然"。在高职研学旅行活动中，对可能出现的安全事故采取相应的策略，针对研学旅行中容易发生的问题，必须制定一套规范的安全事故管理措施，控制活动中可能发生的事故。例如，可以对学生进行安全教育，使学生掌握自我保护的意识和能力，与此同时，还可以采取监督的方法，避免事故的发生。学生是研学旅行过程中安全事故的受保护者和安全事故防范的主体，在教学过程中提高学生的自律防范意识和能力显得格外重要。为了减少安全事故发生的概率，研学旅行的学校要发挥安全管理工作的作用，第一，发挥研学旅行安全制度的制约作用，让学生们知道哪些研学活动是安全的，哪些研学活动不安全。第二，在研学旅行的活动场所应该布置好相关的安全宣传牌和日常安全常识标语。第三，通过研学旅行前的安全知识教育，引导学生养成良好的安全意识，营造温馨、安全的情感氛围，使学生在熏陶中提升自己的人格。

学校在研学旅行中起着管理和监督的作用，假如学校要加强和防范学生研学旅行安全事故的发生，就必须加大对学生研学旅行的监督和管理的力度，建立严格研学旅行的责任追究机制。其一，学生研学旅行管理制度的建立健全，加强研学旅行的安全培训，而且采取多层次和多方面的监督管理。其二，加强对研学旅行组织者的管理，建立研学旅行教育、培训、考核和评价体系，提升研学学校的专业化的水平和能力。其三，细化研学旅行的安全责任，构建研学旅行的责任追究机制。最后，要加强研学旅行的基地、器材和设备等的监督和管理，尽最大可能地降低安全隐患发生的概率。

3. 强化应急防范措施，推进法律法规保障建设

针对学校在研学旅行实施过程中可能会出现的危险情况，各高职应该构建研学旅行安全事故应急预案，增强对研学旅行安全事故的应对能力。构建研学旅行安全保障体系对安全事故的应对、降低研学旅行安全事故的损失有重要意义。

在高职开展研学旅行过程中，学校和各部门要对研学旅行进行科学规划和细致的安排，认真准备好各项工作。其一，对研学旅行基地环境情况进行分析，了解研学旅行的注意事项，综合考虑各大安全隐患，并减少安全问题的发生。其二，制定详细的研学旅行计划，明确组织安排，明确安全责任，确保安全措施的落实。其三，在研学旅行前，对研学旅行场地进行仔细的勘察，解决实际问题，排除安全问题的发生。其四，研学旅行法规制度建设非常重要，制定相应的安全法规制度体系，能提高人们对研学旅行安全问题的关注度。能够规范指导研学旅行中的安全行为，促进研学旅行工作顺利开展。

二、高职研学旅行应急管理平台架构

本文提出的高职研学旅行应急管理平台架构，本质上是用来解决高职研学旅行突发事件的一种方法论。构建依据我国应急管理平台的经验，再发挥应急管理平台优势的同时，对现存的应急管理平台建设难点提出了对应解决方法。平台通过连接政府相关部门、智慧城市管理平台、智慧旅游管理平台、研学旅行保险平台，一旦高职研学旅行突发事件发生，各单位部门能够直接跳过各级平台，优先在研学旅行平台中响应，再根据事故等级进行救援活动，救援活动信号分别发往对应的应急救援实施方平台。本章从平台架构的两大系统：大数据处理系统和决策系统进行阐述。

（一）大数据处理系统

大数据处理系统负责进行数据采集、数据处理以及数据发布。

1. 数据采集层

（1）数据类型

研学旅行大数据来源既包括产生于研学旅行活动中的交通、住宿、餐饮、目的地、城市环境等城市基础信息，也包括参与活动的学生、老师、工作人员的个人信息及行程信息等个体数据。采集体系中既包括通过人编辑输入的人为信息，也包括物联产生的动态数据。不同类型的数据使用不同的采集方式。既属于城市基础数据又属于人为数据的部分，可通过与研学目的地城市的基础信息进行对接获得。属于城市基础数据但属于动态数据的部分，需要通过与物联设备如酒店登记设备、景区场馆监控、城市监控，如果城市已建立应急管理平台，可直接与应急管理平台对接。

（2）动态数据采集渠道

保证平台的有效性，要坚持大数据思维的全面与大量原则，通过物联网、新媒体等先进手段，利用分布在城市中的信息感知和采集终端采集海量的数据。高职研学旅行主要借助于物联网传感器以及社会大众信息服务平台来搜集信息。而上述两种信息搜集方式主要依托下述四种信息传递渠道：首先是智慧城市当前所具有的信息服务系统。二是智慧旅游现有的信息系统。三是第三方社会组织机构和社会大众自发提供的应急管理信息。四是通过活动主体的穿戴设备、移动设备提供的团队情况信息。要完善数据结构，需要充分地收集各方面汇集的预警信息，四种渠道的信息目前都有收集方法但也同时都存在难点。

（3）动态数据采集方法

中国开始逐步推进智慧城市的工作。王钦敏院士主张，打造智慧城市需要以当前发达的信息技术手段为依托，借助于监测、搜集、分析以及及时响应的信息处理体系，实现相关部门功能的整合，对所具有的资源进行科学配置，由此来为民众提供更加全面的服务、更加环保的生活环境，为创建和谐社会贡献一份力量，使得城市运行步入可持续发展的正轨，为企业以及民众打造一个方便、快捷、舒适以及自由的生活环境，它包括城市智能交通系统、城市指挥中心、能源管理系统等。中国国务院推行的《国家新型城镇化规划》，第一次在国家战略引入智慧城市的相关概念，并且主张一直到2025年，创建一批特点鲜明的智慧城市。第八届中国智慧城市发展水平评估结果发布，中国智慧城市平均得分为57.1分（满分100分）。与城市基础数据相关的智慧基础、智慧治理得分率都达50%以上。基于强大的无线通信网络和宽带城域网络，以及现代通信、3S技术、计算机网络和传感技术，依托在城市街口所配置的摄像头、社交聊天监测装置，来自动化、全面化以及智能化的实现对数据的采集，彻底解放信息搜集人员的双手，社会中产生了海量的、实时的、连续的、多元化的关于人、物体、事件的特征数据及状态数据，"智慧医疗""智慧教育""智慧旅游""智慧交通""智慧社区""智慧公安"等多项具体应用纷纷落地。另一方面，我国的智慧城市呈区域差异化发展，受经济发展水平、城市信息化水平等影响，东部、南部地区在智慧城市发展方面存在明显优势，同一区域内省会城市发展情况更好。研学热门城市有北京、上海、广州、深圳、成都、沈阳、武汉、西安。热门研学城市的智慧城市发展水平评估总分平均分除西安外都在全国智慧城市平均得分之上，在智慧基础设施、智慧社会治理、智慧公共服务、智慧保障体系中处于国内领先。我们智慧城市的现状和规划为研学旅行提供了基础数据。我国国家应急管理部成立，新组建的应急管理部门整合了10个不同部门的职责和5支应急救援队伍。整合以后采取集中规划、响应迅速、部门协作、平战结合的符合我国国情的应急平台管理服务体系，应急管理部的出现为数据共享、数据标准化提供了制度支持，在实现各方力量协作以及应急平台资源配置方面，将会超越以往任何一个机构。

在原国家旅游局的推动下，开始建设智慧旅游服务体系，智慧旅游真正实现了传统旅游行业监管模式向现代化旅游服务模式的转变。智慧旅游借助于与当地的工商管理、医疗服务、食品卫生、安全质量部门展开通力合作，结合旅游信息搜集体系创建应急预案，提升对突发事件的处理能力，实现对游客人身财产安全的全方位保护。以宁夏市所建立的智慧旅游体系为案例进行分析，当地旅游发展协会以"一个中心、三大体系"作为建设智慧旅游城市的整体理念，也就是：以创建智慧旅游大数据分析中心为基础，创建完善的网络管理以及企业运营体系、营销推广体系以及服务运营体系，陆续建成了宁夏回族自治区旅游资源集中管理中心、旅游信息群发站点、旅游政务处理中心、旅游信息化认证系统、旅游景区人流量监测系统、旅游景观门票分销系统、移动App服务中心、本地化语言系统等多种智慧旅游服务体系。作为宁夏八朵云之一的宁夏大数据旅游中心已经建成，真正实现了智慧旅游的贴心以及聪明服务，能够实现精准营销的同时为游客带来更加舒适的服务享受，使得游客能够体验到更加便捷的服务，能够有效推进当地旅游服务产业的全面发展。宁夏旅游发展委员会智慧旅游运行监测中心成功实现了与国家智慧旅游大数据中心的对接工作。智慧旅游为研学旅行提供了大量与旅游相关的数据类型。

第三方社会组织机构和社会大众自发提供的应急管理信息在前两种数据采集渠道建设

初期具有重要的数据补充作用。这些信息来自与应管理相关的社会组织机构如保险行业、民间救援组织。

随着我国智能通信设备和人工智能设备的发展，在研学旅行活动中可以通过佩戴具有人体指标监测功能、定位功能、通信功能的设备，为行中监测、紧急救援提供便利。

（4）数据标准化

在采集数据时需要突破标准不一这一数据处理最大的瓶颈，人为数据可以按照标准统一录入，实时掌握动态数据需要创建完善的信息化系统，包含应用标准的技术体系、技术标准、管理服务体系以及应急标准等来共同推进建设应急平台体系。研学旅行应急管理的数据标准化工作应主要参考我国应急管理建设的《社会治安综合治理基础数据规范》和国家旅游产业运行监测与应急指挥平台数据规范。按照《社会治安综合治理基础数据规范》要求，为增强我国应急管理能力，2017年开始由交通、消防、食品、工商等公共服务部门创建完善的信息搜集体系，归纳得出一系列对于应急平台建设而言最为关键的信息，对辖区内的应急人才队伍、应急物资、人口分布情况、交通道路状况、气候气象条件状况等信息进行规范，而且使用统一的标识、符号以及规范化的语言进行标准管理。

2. 数据分析层

（1）数据分析目标

从上文中我们可以看到，数据来源于不同渠道、不同平台，对于指导决策来说，数据中有效信息与无效信息在同一时间是共同存在的，因为对旅行突发事件进行研究所涉及的不可控因素非常多，一方面要保证数据的全面大量，另一方面需要对纷繁复杂的信息进行处理，怎样从海量复杂的信息库中挖掘到相关信息就是信息层需要着重处理的问题。在应急管理体系建设中大数据技术的主要作用就是对多个源头所采集到的异质数据进行分析与处理，以便为信息使用者提供精准的数据，数据分析的目标运用于行前、行中、行后全流程。大数据分析常使用模式识别、关联分析、聚类准则、建模预测等防方式对采集到的数据进行全面解构与分析，而且将其中有价值的信息抽取出来方便的话进行可视化处理，真正实现为信息使用者进行决策提供依据。行前预测阶段，最为核心的环节在于对信息进行搜集，创建一种能够实现实时搜集应急管理信息的服务平台，其应该是具有包容性的、依照标准协议进行传输的、能够实现不同类型信息转换的、能够对重要信息进行自动存储与备份的大规模大数据采集与分析平台。

（2）数据分类

数据分类是数据分析的基础，从信息的类别来分，可以区分为不同的突发事件分类信息、涉及各种基础设施信息、地理区域网格单元信息、预警机制所产生的信息、预警地理范围内的人口数量信息等等。在每一类信息类别中，要充分考虑研学旅行的特殊性，不可照搬其他数据分类方法。以事故伤害等级为例，在研学旅行应急管理中需要调动大量应急资源，对事故的等级认定可以指导救援决策。我国目前没有针对高职研学旅行的事故伤害程度等级划分标准。根据旅游安全事故的分级及其级别标准，依照事故所带来的人身财产安全损失，条例将事故的级别分为特大事故、重大事故、较大事故以及普通事故四类。

根据校园安全事故等级标准，分为交通安全事故、校园消防安全事故、校园建筑安全事故、校园集体活动安全事故、校园食品及疾病预防工作事故、治安安全事故、意外伤害事故。

由于群体年龄、活动目标、发生环境的不同，校园安全事故的等级划分与旅游事故的等级划分存在很大的区别。研学旅行既满足了校园安全事故中的群体年龄指标，又满足了旅游伤害事故中的旅游行为特点指标，如套用其中一种会造成对事故等级判定的过于苛刻或过于宽松，会造成救援决策效果偏差。所以应结合各领域专家，优先对研学旅行数据进行合理分类。

（3）数据模型

科学的数据模型是平台决策的关键要素。相对于我国，日本修学旅行已有130年历史，在风险管控和应急管理方面积累了大量的经验。日本的安全管理制定者认为开展校外实践活动时，安全管理十分重要，但是在实践活动中要鼓励青少年勇于尝试，不能造成过度保护，如果明令禁止或者限制的条条框框过多，就可能无法完整举办活动或影响活动效果，丧失了开展校外实践活动的意义。所以在面对突发事件时非常注重使用风险管理和行为判定模型，在保证安全的同时又不失去校外实践活动的珍贵意义。日本的风险管理办法首先要判定风险的大小，之后选择适当的方法处理，以求将风险造成的损失最小化。风险判定因素包含人为因素（体力精力、动作疲劳、集体工作积极性、注意力情况、意识等）和外在因素（天气状况、场地、道具、设施、动植物等）两个维度，之后通过发生的可能性及危害大小判断风险的伤害。将风险伤害分为4种结果："易发生且危害大""不易发生但危害大""易发生但危害小""不易发生且危害小"。例如这个问题：现在电闪雷鸣大雨倾盆，是否应该去户外散步呢？就可以根据情况进行评估，此刻外出遭遇雷暴可能性较大，有可能造成人员伤亡，所以我们可以判断此时"风险易发生，且风险较大"。

如果风险发生可能性大，并且会造成不小程度损伤时，面对这样的情况，我们应该采取相应措施，减少或者规避风险。如果风险发生可能性小，并且也无伤大雅的时候，可以暂时维持现状，继续开展实践活动。

本文平台的数据模型初期建设可参考日本风险管理中人为因素（体力精力、动作疲劳、集体工作积极性、注意力情况、意识等）和外在因素（天气状况、场地、道具、设施、动植物等）两个维度，随着数据的丰富不断对模型进行完善。

3. 平台发布层

平台发布层通过收集数据分析层结果，通过使用场景推演算法来将数据结果与实际事故发生的场景进行对比，如通过案例数据库与行程的对比分析出目的地的高风险因素，发布层按照场景分类将风险预警发布到决策系统中的预警平台。平台发布层的目标是将数据结果智能化地推送给合适的信息需求者，再由决策层进行判定。

通过数据的变化来预测突发事件发生的概率，所以突发事件在真正发生之前，系统能依照大数据系统所传递出来的信号，来对可能出现的突发事件进行预测，对其所带来的负面影响进行预测并且发出相应的警报。除此之外，还需要将相关预警信息传递到旅游部门、教育部门、学校等。行前决策的目的是预测风险，使得相关主体能够意识到突发事件发生的概率，提高警惕性。在突发事件发生后，应该提升对突发事件的监测与管理，这是核心环节。采用全面科学的应急预案能够很大程度上遏制突发事件所造成的负面印象，而且能够在消耗最小人力、物力以及资源成本的基础上，对应急处理方案的成本进行缩减。在真正着手对突发事件进行处理与控制的时候，首先获取事态进展的相关数据然后进行合理规划，之后在应急预案真正实行之后也要进一步获取反馈数据，由此来对预案的有效性进行评测，能够帮助决策主体依照现实状况进行调整，使得整套处理机制向科学方向发展。

大数据的决策支持系统能够实现与大数据分析系统的对接，能够进行实时决策，并且可操作性强，能够对多种关键指标进行采集来全面支持决策系统。在其保障下，市政、气象、交通以及消防等部门应该进行及时沟通，为处理突发事件准备好充足的人力、物力、财力资源，以及必要的时候准备好地形图纸 QI。从不同部门获取的实时以及反馈信息都应该纳入大数据决策系统。譬如公安系统在接收到报警信息之后，随即将信息发布到决策系统里面，之后经过系统分析得出案件发生的地点以及类型，而且在电子地图上面展示相关的信息，依照事态的进展获得物料需求表单，之后通报危机并且做出响应。除此之外，交通运输部把实时的路况信息以及所具有的资源种类、数量等情况输入到决策系统中，系统随后进行可视化处理，对出行路段以及绕开的路段进行处理，确定最佳的路线。医护部门根据决策系统展示的信息进行及时追踪与响应，能够实现对各种可用资源的合理输出与配置，减少响应时间，在成功与地理地图以及地理信息系统形成对接之后，响应的也会提升救护效率。

（二）决策系统

决策系统包含预警平台、处置平台和恢复平台。在决策系统中加入了保险分系统。通过对于等级事故的判定，在可控范围内启动保险应急管理办法，在重大突发事件发生时启动城市应急管理办法。通过引入保险决策和城市决策两种管理办法，达到人力、物力的最佳调配状态。

1. 预警平台

预警平台用于行前突发事件预警，接收由大数据处理系统发布的预警信息，对预警信息进行等级判定，将可控的常规突发事件预警发布到保险预警终端，由保险公司负责发送预警信息。将风险较大的非常规突发事件发布到政府预警终端，最终将预警决策传达到相关的主体，起到预防突发事件的作用。准确的等级判定规则是发挥预警平台作用的关键。

2. 处置平台

处置平台用于行中对已发生的突发事件进行救援决策，科学有效的救援决策可以及时遏制事态的进一步发展，同时将救援的人力、物力调配到最佳效率。处置平台的救援资源调配需要在实施中不断优化，通过建立应急指标评价体系，对应急管理做出准确的评价。属于保险公司的救援范围，保险公司提供救援保障及救援信息发布。属于城市应急救援范围，由省级、市级应急管理部门发动应急救援，救援信息及时向国家应急管理部、学校家长及社会发布。

3. 恢复平台

恢复平台用于行后，对于事故造成的伤害进行评估，完成责任划分。对于事故数据应及时计入案例库。

（三）安全保障

大数据本身的原始数据以及经过平台处理的决策数据，具有很高的价值，一旦泄露将面临巨大风险。大数据的安全性需要从以下几个方面入手做好相关工作：首先需要设定好权限，从应急决策到准备工作，平台应建立严格的权限制度，只有用户拥有权限才能够调用应急管理服务资源。信息安全的第一套防范措施就是对信息调用权限的设置，如果具有对信息进行调用的权限，那么相关服务以及信息都能获得，所以需要对权限进行严加把控。第二是网络信息交互的安全，当前我国已经创建了以"三网"为主要内容的线上电子政务服务平台：也就是政务内网、政务专网和政务外网。政务内网是一种涉及政府秘密的政府机构公开服务平台；政务专网是政府机关不涉及政府秘密的内部办公网络平台，其与外网之间是通过网闸而不是防火墙来实现隔离，专用网通常不会受到全球诸多不安全、不稳定因素的影响，所以安全性非常强。

三、高职研学旅行应急管理平台实施保障

为保障高职研学旅行应急管理平台的建设和实施，完成软硬件与各个环节的对接，确保平台能发挥最大功能，应注重跨部门协调的工作方法，充分发挥政府主导的全局优势。落实社会力量参与机制，一方面缓解政府财力、物力的支出与调用压力，另一方面结合社会力量进行平台使用推广。尽快完善相关法律法规，明确平台中各方权责。注重储备专业人才，为平台的可持续发展做好准备。本章从平台建设的具体工作角度，提出相对应的措施与建议。

1. 成立跨部门领导小组

（1）统筹部署，保障平台建设

领导小组是我国特有的一种组织方式和工作机制，它的核心是在面对部门间协调困境时，施行跨部门协作，共同履行政府指责的一种工作方法，领导小组的建立有助于提升政

府内部的结构弹性。政府主导的应急管理平台建设要发挥全局优势，避免管理机构束缚。研学旅行平台在数据库建设、动态数据获取过程中，都需要多部门的配合协同。从技术角度，研学旅行应急管理平台与城市应急管理平台、智慧旅游应急管理平台在数据采集、分析和决策中存在重合区域，应从顶层技术设计时就避免造成重复工作，也避免产生大量的信息冗余。另一方面，研学旅行应急管理平台对其他应急管理平台具有推动作用，由于发生时间较集中、活动费用有保障，研学旅行应急管理平台可以为城市应急管理平台的完善提供经验。研学旅行作为旅游产品中的主题旅游，可以为旅游应急管理提供数据对接、数据分类、预测建模等多方面的经验。建立研学旅行应急管理平台领导小组，可以有效组织平台建设工作，提高建设效率，协调建设过程中的权责划分，可以促进我国多应急管理平台间的共同发展。领导小组应由教育部联合国家应急管理部、文旅部等资源相关、责任相关部门，做好组织领导和统筹协调。

（2）平战结合，发挥平台功能

平战结合是我国应急管理部成立即我国应急管理改革的缘由之一，它的意义在于将我国的应急管理划分为常态管理与应急管理相结合，提出了常态管理的重要性。本文所构建的研学旅行应急管理平台包含了预防、准备、反应、恢复全部环节。领导小组应就平战状态工作的不同，制定最有效的工作目标。平时系统包含日常、事前、事后3个部分，在日常的工作中注重完善数据库内容，应急预案和应急系统管理，加强安全培训、平台使用培训，考核应急预案的掌握及运用情况，监测软硬件运行状态。事前即风险隐患出现，应做好隐患排查，降低事故发生概率。在事故处理后，应注重总结事故原因，避免下次再出现。做好平时工作，才能在突发事件来临时，做到反应迅速，分工明确，措施有力，保障救援效果。

（3）与时俱进，创新平台价值

领导小组应发挥全局优势，在平台建设过程中积极参考相关领域的技术发展与创新，不断优化平台顶层设计，提升系统的可靠性以及稳定性、应急平台的可拓展性，提升数据库的存储与数据处理能力。在大数据的开发与利用方面，随着平台数据的积累，领导小组应顺应我国大数据战略，促进研学旅行平台与其他行业的关联，如平台大数据对于研学导师的评测与管理，可以利用数据库建立导师与学生（家庭）的C2C产品定制平台，导师在应急管理平台中的评价通过划定标准作为C2C产品定制平台的导师入门条件，学生（家庭）通过平台在业余时间可以看到导师推荐的冬夏令营线路、也可以报名参加导师定制的校外实践活动。随着其他相关平台的自身发展，促进研学旅行应急管理平台的功能完善。

2. 健全社会参与机制

与政府救援相比，我国社会救援组织具有较强的灵活性，救援力量由保险行业，民间救援、医疗、交通、媒体等志愿者组成，社会救援组织资源丰富、贴近一线，对于政府救援有很好的补充作用。但目前我国对于社会救援力量参与救援机制和工作制度还未完善，缺少统一管理和相应的法律规范，应尽快建立可行的社会参与机制。

以保险企业为例，保险的介入可以为平台提供相关数据、风控经验、紧急救援和事故赔付等多方面的帮助，是平台建设的最优合作行业。对于我国的保险行业来讲，2019的增长远远不如往年，保险行业面对获客成本高、客户流失量大等多方面挑战，纷纷寻找破局之路。新险种的开发和线上销售是降低获客成本、提高产品竞争力的有效方式，跟世界其他发达国家相比，就世界互联网保险业发展现实状况而言我国互联网保险业发展还比较落后，譬如美国互联网保险业在国内全部投保数额中占比为35.69%，我国的占比仅为3.58%，差距接近十倍，互联网销售有存在巨大潜力。面对研学旅行的市场，教育部等11部门的文件中已经明确指出，学校负责确认出行师生购买意外险，学校必须投保校方责任险。本文通过调查问卷的方式，对高职研学旅行客群家长发放了100份问卷，在问卷回收结果中，有83%的家长认为研学旅行中的安全问题是最担心的问题，在是否愿意为学生研学旅行商业保险付费的选项中，有65%的家长选择了愿意，在愿意付费的家长中，对于保费价格上限选择依次是50元、100元、10元。根据问卷调查结果，我们可以看到家长愿意为研学旅行的商业保险付费，而费用上限50元、100元的保险费在国内旅游保险中属于很高的价格，对于保险公司创立新的专业险种具有诱惑力。保险经纪公司可以通过与政府部门合作研学旅行意外保险的方式，共建研学旅行应急管理平台，通过大体量的保险购买获得持续的盈利，以保障平台维护。在国家层面，应支持将保险行业接入研学旅行应急管理平台中，并在研学旅行市场刚刚起步阶段为开展研学旅行产品的保险公司提供税收优惠政策，针对困难学生家庭购买具有应急救援等保险时，可根据情况给予一定的补贴。

可以看到，以保险公司、公益组织为代表的民间应急救援力量，可以有效地降低政府行政成本，转移人身财产损失风险，提高营救效率，是处理应急事件的重要有生力量补充，应在研学旅行应急管理平台建设过程中健全我国应急救援的多元化社会参与机制。

3. 完善法律法规

法律和制度长久以来都是政府推行决策的强有力武器，也能实现对应急人员的管理与约束，从人力资源角度入手去全面提升应急管理的水平。创建一套完善的应急管理服务体系，能够形成一种科学的应急管理方案。立足于抽象角度而言，采用一定的法律保障措施也能为高职应急事件处理提供相应的保障，主要表现在下述几个方面：首先从制度层面上保障当地机构能够依照学校的内部设置进行系统安排，确定岗位人员的职责，避免人浮于事；二是以法律制度的形式确定平台应用的及时性以及准确性，为平台应用创建完善的制度规范；三是能够以法律的形式保障各项管理决策的顺利推行，使得应急管理的执行力得到保障。

4. 注重专业人才培养

本文的平台建设需要多领域的人才加入，平台横跨了教育、旅游、应急管理、计算机、大数据等多个学科。在平台的运行过程中，需要专业人才进行维护，平台的建设只是研学旅行安全管理的准备工作，在应用中平台才能不断完善，大数据才能发挥作用。应该创建一套完善的人才队伍，建立健全行业培训服务体系，由此来弥补高职研学旅行应急管理应用人才方面的不足。

参 考 文 献

[1] 孙月飞, 朱嘉奇, 杨卫晶编著. 解码研学旅行 [M]. 长沙：湖南教育出版社. 2019.

[2] 彭其斌编著. 研学旅行课程概论 [M]. 山东教育出版社. 2019.

[3] 刘冰, 罗立军主编. 广州研学旅行古诗文教程 [M]. 广州：暨南大学出版社. 2019.

[4] 祝胜华, 何永生主编. 研学旅行课程体系探索与践行 [M]. 武汉：华中科技大学出版社. 2019.

[5] 彭其斌编著. 研学旅行工作导案 [M]. 济南：山东教育出版社. 2019.

[6] 王平杰主编. 浩然文化研学旅行校本课程 [M]. 武汉：湖北科学技术出版社. 2017.

[7] 王力一主编. 研学旅行创新体验教程 [M]. 天津：天津科学技术出版社. 2018.

[8] 唐友能, 邹金伟著. 研学旅行 [M]. 北京：中国地图出版社. 2020.

[9] 李芳编著. 研学旅行 [M]. 郑州：郑州大学出版社. 2019.

[10] 张宗华主编. 研学旅行 [M]. 海口：南方出版社. 2018.

[11] 张子睿, 袁阳, 秦诗雅著. 研学旅行概说 [M]. 北京：中国农业科学技术出版社. 2020.

[12] 王晓燕, 韩新主编. 研学旅行来了 [M]. 西安：陕西人民教育出版社. 2019.

[13] (中国) 朱传世. 研学旅行设计 [M]. 北京：中国发展出版社. 2019.

[14] 薛兵旺, 杨崇君, 官振强编者; 王乾责编. 研学旅行实用教程 [M]. 武汉：华中科技大学出版社. 2020.

[15] 唐少霞, 赵志忠, 谢祥. 海南研学旅行指导 [M]. 北京：中国社会出版社. 2020.

[16] 王煜琴, 赵恩兰主编. 研学旅行执业实务 [M]. 北京：旅游教育出版社. 2020.

[17] 吴亮, 徐国新主编. 研学旅行知与行 [M]. 苏州：苏州大学出版社. 2019.

[18] 彭其斌编著. 研学旅行工作概论 [M]. 济南：山东教育出版社. 2019.

[19] 王茨安主编. 我的研学旅行手册 [M]. 武汉：武汉大学出版社. 2018.

[20] 吴春明编. 江西兴国研学旅行手册 [M]. 北京：地质出版社. 2020.

[21] 陆庆祥, 汪超顺主编. 研学旅行理论与实践 [M]. 北京：北京教育出版

社. 2018.

[22] 李先跃著. 研学旅行发展与服务体系研究［M］. 武汉：华中科技大学出版
社. 2020.

[23] 李立欣主编. 研学旅行课程的设计与范例［M］. 太原：山西科学技术出版
社. 2019.

[24] 景季萍编著. 探索研学旅行活动的空间格局［M］. 贵阳：贵州人民出版
社. 2019.

[25] 吕曼秋著. 广西地学研学旅行研究［M］. 北京：地质出版社. 2019.

[26] 彭其斌. 研学旅行工作实务100问［M］. 山东教育出版社. 2019.

[27] 吴军生，彭其斌. 研学旅行安全工作指南［M］. 山东教育出版社. 2019.

[28] 邓德智著. 研学旅行指导师理论与实务［M］. 北京：中国旅游出版社. 2019.

[29] 孙憬，张德欣，王京凯主编. 研学旅行活动指导书［M］. 成都：成都时代出版
社. 2019.